PASATIEMPOS PARA ENTRENAR TU CEREBRO

VOLUMEN 3

Juegos de escape

Responsable editorial: Víctor Manuel Ruiz Calderón

Composición de cubierta: Celia Antón Santos

Ilustraciones e imagenes: © 2003-2024 Shutterstock, Inc.

Texto y contenido de los juegos de ingenio © Agustín Fonseca García

Texto de introducción, diseño del libro y material gráfico © Imaginarte Juegos

Valentín Beato, 21. 28037 Madrid

Depósito legal: M. 3.030-2024

ISBN: 978-84-415-4991-3

Impreso en España

PAPEL DE FIBRA CERTIFICADO

PASATIEMPOS PARA ENTRENAR TU CEREBRO

VOLUMEN 3

Juegos de escape

Agustín Fonseca García

OBERON

ÍNDICE

LAS CAPACIDADES CEREBRALES

Antes de que empieces con el libro es importante que sepas algo sobre las capacidades cerebrales que trabajarás si te pones a hacer los pasatiempos que contiene. En principio podríamos resumirlas en las siete que te mostramos a continuación:

1. **Atención**. Es la madre de todas las capacidades. Es la que permite que las demás puedan llevarse a cabo. La utilizas cuando tienes que razonar y necesitas concentrarte en tu pensamiento, o cuando estás conduciendo y tienes que estar pendiente de varios estímulos. Mucha gente dice que le falla la memoria cuando en realidad lo que le falla es más bien la capacidad de concentrarse.
2. **Cálculo**. Es la capacidad de manejar las medidas. Aunque es una de las que requieren más concentración, no es la más compleja a nivel cerebral. El ejemplo está en que el ser humano ya ha sido capaz de construir máquinas de calcular incluso más precisas que el cerebro, pero no máquinas que sepan hacer otras tareas como la que realizan los psicólogos, es decir, escuchar activamente a una persona, ofrecerle comprensión y darle una respuesta que le ayude a encauzar la situación que le esté abrumando, tarea esta más relacionada con la comunicación y el lenguaje a un nivel profesional.
3. **Lógica**. Es la que nos permite predecir las causas y las consecuencias de lo que nos rodea. El hombre del tiempo no es adivino: hace uso de la lógica, igual que la utilizan todas las ciencias para desarrollar sus teorías. Hacemos uso de la lógica a diario y sin ella nuestra vida sería un caos.
4. **Lenguaje**. Con esta capacidad no solo hablas, sino que también gesticulas con las manos, con tu cuerpo, con tu cara... El lenguaje es la capacidad de comunicarte, de transmitir a otro un mensaje y de saber que él puede descifrarlo y comprenderlo. También es lenguaje, por supuesto, el uso de las palabras para describir y retratar un montón de sucesos y conceptos de la vida que te rodea.
5. **Orientación espacial**. Tu cerebro puede orientarse en el espacio mejor de lo que lo hace un GPS, y además, sin satélite. A todo lo relacionado con la posición de nuestro cuerpo en el ambiente y con la capacidad de imaginar objetos en 3D lo hemos llamado orientación espacial.
6. **Memoria a corto plazo**. Con este concepto denominamos la habilidad que tiene el cerebro de retener informaciones nuevas y recuperarlas al poco tiempo. La utilizamos para recordar un teléfono o una dirección. Su duración es corta, pero resulta indispensable para adquirir conocimientos del mundo que nos rodea.
7. **Memoria a largo plazo**. Nos permite tener conocimientos generales de los que echamos mano a diario y su duración en la memoria es ilimitada: nos acompañarán a lo largo de nuestra vida, aunque no siempre se mantendrán frescas y accesibles. Dentro de este gran saco de información tenemos, por ejemplo, desde las palabras de nuestra lengua materna hasta los acontecimientos personales de nuestra vida o la forma de montar en bicicleta o nadar.

Lo interesante es que todas estas capacidades no funcionan independientes unas de otras, sino que se ayudan entre sí para alcanzar sus objetivos. Por ejemplo, el lenguaje tiene unas normas que siguen un patrón lógico y rebusca en el almacén de los conocimientos generales para fomentar su riqueza, o el cálculo hace uso del razonamiento lógico y de la memoria a corto plazo para conseguir el resultado buscado.

¿Y cuáles de estas capacidades vas a necesitar para enfrentarte a este libro? Pues todas, que seguro que ya las manejas adecuadamente, sin embargo, te destacaría una de ellas: la **atención** (casi un comodín que es necesaria para todo) y su versión avanzada, que podría ser la **concentración**, un pasito más allá.

ALGUNOS COMENTARIOS SOBRE LA ATENCIÓN

La atención es la capacidad cerebral mediante la cual ponemos en marcha unos procesos que nos permiten ser más receptivos a un determinado estímulo, pudiendo realizar con él una tarea de forma eficaz. Ese estímulo puede ser tanto externo (un libro de texto) como interno (un pensamiento o sentimiento). Es como el zoom de la cámara: ante un sinfín de estímulos ambientales, focalizamos de forma que solo atendemos a uno en concreto.

Cuando permanece orientada hacia algo de forma continuada en el tiempo, estaremos hablando de **concentración**, que es lo que nos interesa en este libro, pero si este estado se prolonga excesivamente en el tiempo, iremos perdiendo efectividad, ya que es imposible mantener la concentración indefinidamente.

La atención puede ser espontánea o voluntaria. En el primer caso se producirá en aquellas situaciones en las que nos topamos con estímulos que no pasan desapercibidos y que desviarán nuestra atención, harán que nos centremos en ellos durante un tiempo corto y respondamos en consecuencia. En el segundo caso, la atención voluntaria, necesitaremos invertir algo más de energía y esfuerzo y, sobre todo, necesitaremos hacer uso de la concentración para poder llegar a lo que nos proponemos, y es eso lo que conseguirás en este libro de manera muy entretenida.

Existen elementos que determinan la concentración:

- **La motivación, interés y expectativas**. No siempre estamos motivados a la hora de atender a cierto estímulo. El grado de interés y expectativas que tengamos hacia ello hará que le prestemos más o menos atención. Para conseguir ampliar la motivación hacia una determinada tarea, será preciso hacer una reflexión sobre lo beneficioso que para nosotros puede ser llegar al término de esa tarea. Por ejemplo, llegar a ser conscientes de que invertir energía y esfuerzo en estudiar una materia aburrida nos va a ser útil para conseguir un título y permitir realizarnos profesionalmente.
- **Las preocupaciones**. Los problemas familiares, afectivos, económicos... suelen distorsionar la atención sobre la tarea que nos ocupa. Para conseguir reducir esta presión, será necesario asimilar que es preferible abordar los problemas por separado y en el momento que les corresponda. De nada sirve que se dispare nuestro nivel de ansiedad por un tema que no tiene nada que ver con lo que estemos haciendo en ese momento: centrarse en el aquí y ahora y poder desconectar de todo lo ajeno a la tarea.
- **El ambiente**. Muchas veces intentamos realizar tareas que requieren una concentración elevada en un ambiente repleto de estímulos distractores. Para estudiar álgebra será preferible que busques un sitio cómodo, silencioso e iluminado antes que irte a un banco de la plaza más concurrida de la ciudad a la hora que empieza a anochecer.
- **La fatiga**. Como dijimos, es imposible concentrarnos de forma continuada. Se calcula que nuestro organismo puede mantener esta tarea durante unos 45-50 minutos. Pasado este tiempo, necesitaremos un descanso que reponga el cansancio acumulado. La pérdida de energía también se recupera con una buena alimentación. En general, las personas que duermen adecuadamente, llevan una buena dieta y realizan deporte regularmente tienen más posibilidades de tener una buena capacidad atencional.

La atención es, por tanto, la llave de entrada de muchas otras capacidades cognitivas. Sin ella poco se puede decir del cálculo, el lenguaje, la memoria... Es como una aduana que ejerce control sobre todo aquello que va a ser utilizado por las otras capacidades y sin la cual nos veríamos abocados a un auténtico desorden.

Como puedes comprobar, la atención es una capacidad esencial para adaptarnos a nuestro medio. Un buen uso de ella te permitirá asimilar la información que te rodea para realizar la conducta más adecuada. Eso se extrapola también a tu vida social. Si te dedicas a invertir atención en tu pareja, tus compañeros o familiares, observando su conducta, asimilando la expresión de sus sentimientos, comprendiendo su realidad y sus circunstancias, podrás obrar en consecuencia con mucha más información de la que tenías anteriormente y por tanto con mayor posibilidad de tener una vida social exitosa y eficaz. Además, en todos estos casos, la atención invertida será recíproca y te sentirás mucho más respaldado y comprendido.

Para que tu cerebro comience a descubrir los beneficios de una atención bien entrenada te proponemos este libro y sus habitaciones, que te van a obligar a mantener una atención y concentración activas, además de alguna que otra capacidad combinada.

Sergio Fernández Aldrey
Psicólogo

INSTRUCCIONES PARA JUGAR

Antes de ponerte con el libro es importante que tengas en cuenta algunas cosas:

- Prácticamente todos los pasatiempos podrás resolverlos simplemente al leer sus instrucciones, pero hazlo atentamente porque puede ser que algunos datos o pistas te ayuden y faciliten su resolución.
- Cada habitación es independiente, tanto en su planteamiento como en los pasatiempos que se incluyen para salir de ella: escapar, en definitiva.
- Hemos incluido 10 capítulos de entreno, después de su correspondiente escape, que llevan las soluciones al final de cada uno, para que te puedan servir como forma de practicar. Pero ya a partir del escape #11 y siguientes ya suponemos que estás en condiciones de abordarlos sin entreno específico.
- Un CONSEJO: en caso de que se te atragante algún pasatiempo, es preferible que lo dejes para cuando tengas tu mente más despejada, porque si insistes acabarás odiándolo y ya nunca te gustará. Es una buena terapia que sigas con otros hasta que encuentres uno a tu gusto.
- La dificultad de todos los pasatiempos la hemos indicado mediante unos pequeños círculos de color blanco y negro. Considéralo solo orientativo y más relacionado entre sus pares que de modo general en todo el libro.
- Decidir la dificultad de los pasatiempos es algo bastante subjetivo y depende de la aptitud y actitud del jugador, de su experiencia con otros similares y hasta del momento del día en que se pone a trabajarlos.

○○○●	○○●●	○●●●	●●●●
Fácil	Regular	Difícil	Expertos

Ver un tutorial online

Ayuda a salir a todos de sus habitaciones y entrena para ello

AGRADECIMIENTOS

Este libro no habría sido lo mismo sin la visión de águila de mi hija Jana para descubrir mis errores; la paciencia de Encarna, mi mujer, para aguantar mis horas ante el ordenador; la logística de mi hija María para mantener en marcha el chiringuito; y hasta la aportación de ideas por parte de mi nieta Uxía, que ya apunta maneras.

ESCAPE

#01

La habitación de ROSA

Rosa es un ama de casa de lo más organizada y tiene todo en perfecto orden de revista para que nada se le escape, tanto en cuanto a productos de la casa, alimentos y demás, como a los billetes y monedas que maneja para la compra. De hecho, tiene una cajita metálica, de esas que tienen combinación numérica para su apertura, para poder tener protegido ese dinero de los "descuidos" que pudieran producirse en el hogar: la adolescencia es terrible.

Pero le ha surgido un problema en este momento: ha olvidado la clave de apertura de la caja y ahora tiene un problema de *cash* que no sabe cómo resolver. Afortunadamente se inventó todo un sistema de pasatiempos sencillos, apuntados en papelitos escondidos por la cocina, para poder recuperar la clave en un caso como este. Y ahí tienes el resultado de sus neuras.

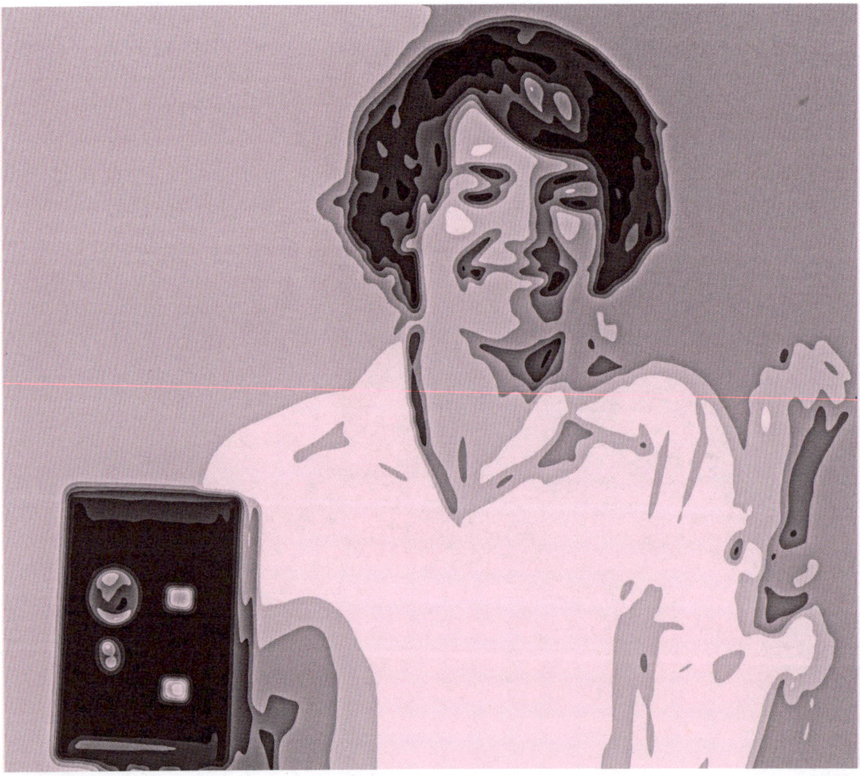

ADIVINANZA

○○○●

A pesar de que Rosa estaba segura de recordar la clave, tuvo la idea de esconder parte de ella en un QR ilegible, teóricamente difícil de resolver para los cacos.

¿Y cómo es eso de un QR ilegible?

Muy sencillo, abajo tienes el que preparó, pero dejó una buena parte en gris de tal forma que el móvil no fuera capaz de interpretarlo, sin embargo, la cosa cambia si rellenas de negro todo lo que ves en gris, pero con cuidado de no salirte.

Cuando lo acabes te será fácil descodificar el QR y te aparecerá una adivinanza cuya solución, esperemos, seas capaz de descubrir y ayudar así a Rosa.

Solución a la adivinanza.

ANAGRAMA

○●●●

Cuando va a la compra ella sabe perfectamente cuál es ese animal, y esperamos que tú también si quieres ayudarla, sin embargo, no te vamos a preguntar por eso, sino algo un poco más complicado:

¿Cuál es el nombre de la parte que hemos marcado con el punto?

Una pista: es muy apreciada, apetecible y demandada en el mercado.

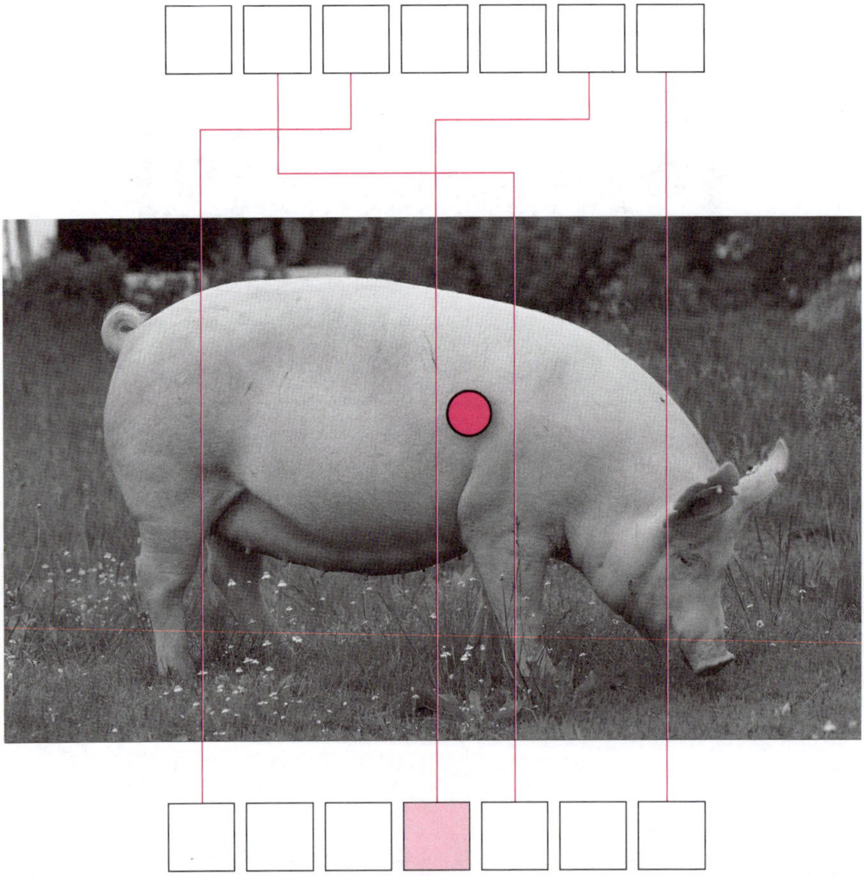

Si recolocas las letras adecuadamente podrás descubrir una de las habilidades de su amigo artesano, que le encanta a Rosa, y también otra de los indicios que utiliza para recordar la clave de su caja del dinero. Como pista te marcamos la correspondencia de cuatro letras de la palabra y su anagrama.

LA COMPRA DE HOY

A continuación tienes todo lo que ha comprado Rosa en el mercado, con sus precios correspondientes, y sabe lo que se gastó: 46,96 €.

La cuestión es deducir qué tiene en el carro sabiendo que lleva cierta cantidad de todos los productos, que ha comprado un número de kilos exactos y diferentes entre sí (1, 2, 3, 4, 5, 6 y 7).

Una pista: a Rosa le encanta el diccionario.

☐☐ , ☐☐ €

Escribe lo que ha gastado entre zanahorias y calabaza.

EMOTICONOS

Siempre ha dicho rosa que las caras de sus hijos son auténticos emoticonos cuando no quieren decir lo que sienten y ocultan. En este caso han preparado una sencilla operación matemática en la que cada expresión equivale a un dígito del 0 al 9. A igual emoticono, igual dígito.

¿Cuál es la equivalencia de los emoticonos a colocar en el encasillado?

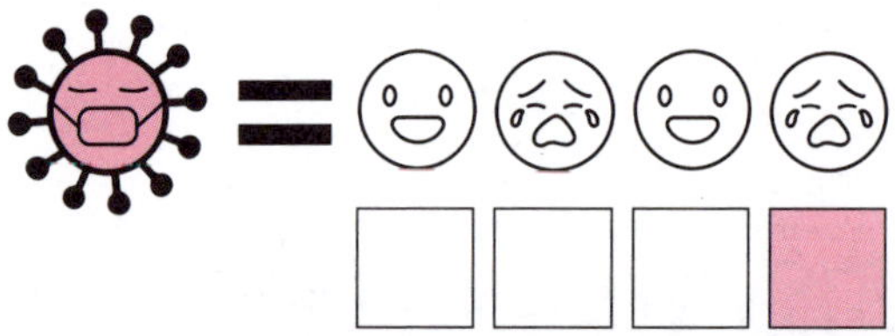

Una pista: ni Rosa ni sus hijos la sufrieron aquel año.

LA CLAVE

Es el momento definitivo para que ayudes a Rosa a abrir su caja, y para ello, escribe la clave formada por las letras y números que hayas colocado en las casillas rosas de los sucesivos pasatiempos y después comprueba en las soluciones si llegaste a abrir la caja.

ENTRENO
#01

A continuación tienes un grupo de pasatiempos de entrenamiento, para poder llegar con más eficacia a los capítulos que contienen los de escape.

PÍLDORA

○○○●

Fabián fue de excursión con su padre a la montaña.
Cuando estaban descansando le preguntó el padre al hijo:
si en este bosque hay 250 pinos y cada uno tiene 10 ramas y cada rama da 3 frutos,

¿cuántas bellotas tiene el bosque?

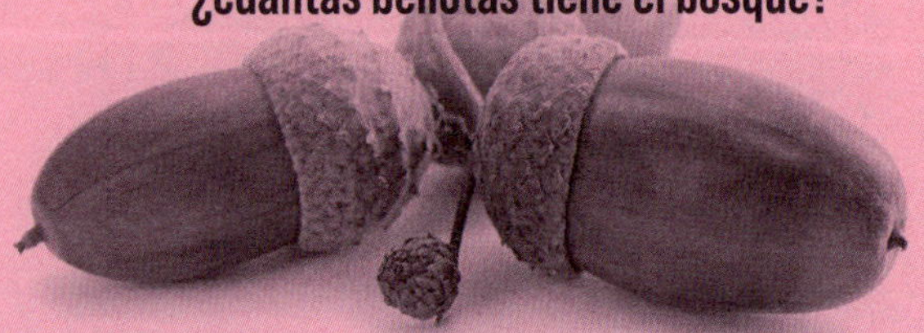

HEXÁGONOS ENCADENADOS

○○●●

Coloca las palabras de la derecha en las seis casillas dispuestas alrededor de cada número, de forma que encajen con las que tienen a ambos lados en los hexágonos comunes. Ten en cuenta que cada palabra puede empezar en cualquiera de los hexágonos y además que los números del mismo color (blanco o negro) se leen en el sentido de las agujas del reloj o viceversa. El orden de la lista no se corresponde con los números.

¿Cuál es la palabra de la que forma parte de la letra E ya colocada como pista?

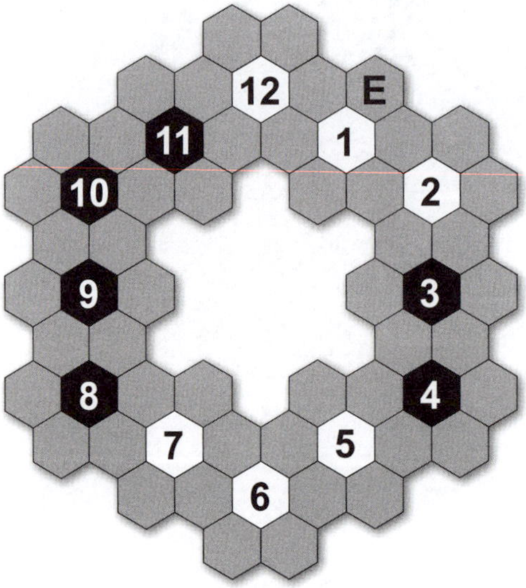

A	ÁGUILA
B	ANORAK
C	ATUNES
D	BESUGO
E	CAUDAL
F	CORAZA
G	ERIZOS
H	ESPOSO
I	MATRIZ
J	NEUTRO
K	PRENSA
L	SÓTANO

DE VIAJE

○○○●

Tu entrenamiento de hoy es para que, en un potencial viaje alrededor del mundo, seas capaz de identificar los monumentos de la imagen y en qué países están.

AAAEILMN	AAIILT
AACFINR	ACEGIR
AGLOPRTU	DEIINNOORU
AIQRTUU	EGIOPT

Una pista: estos son los anagramas de los países.

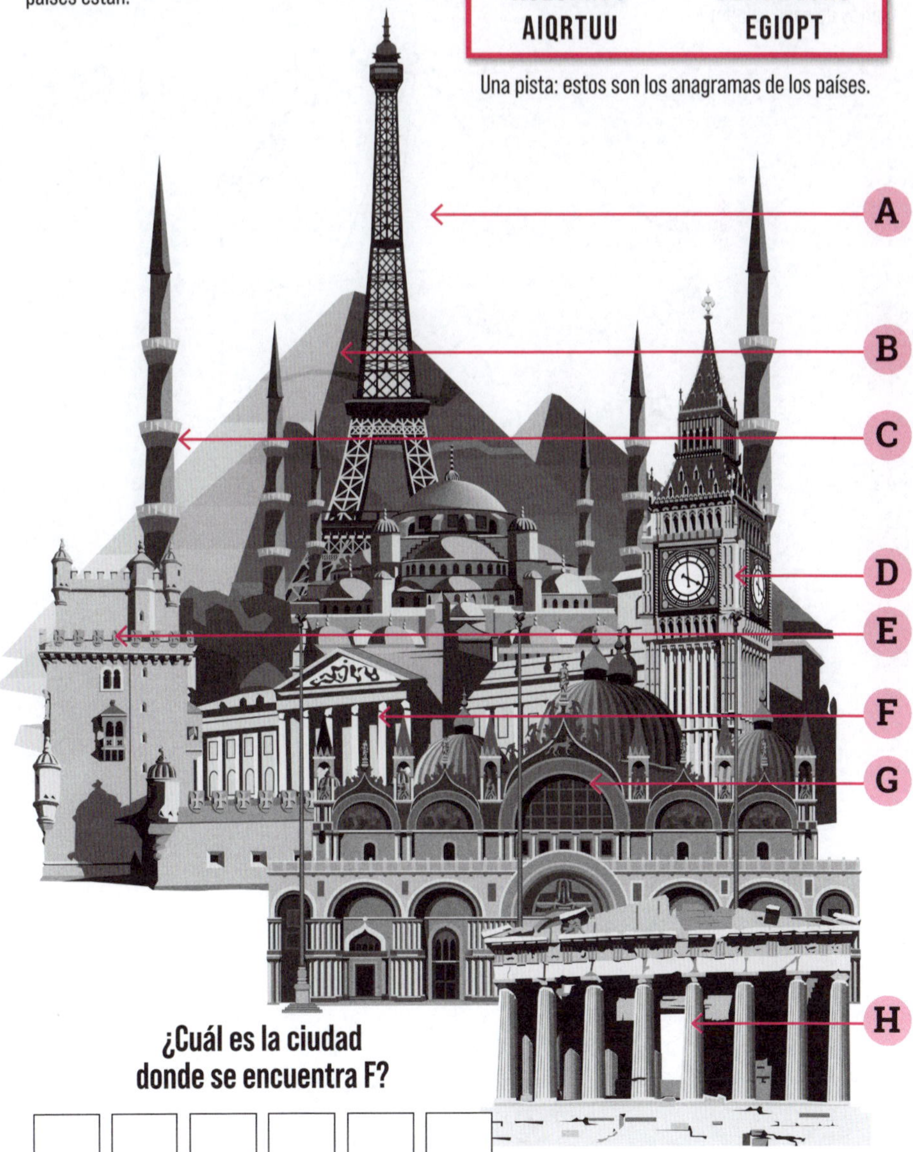

¿Cuál es la ciudad donde se encuentra F?

MONOGRAMAS

●●●●

Un monograma es una representación visual de palabras mediante un anillo con el alfabeto completo. Encontrarás las palabras avanzando de letra en letra siguiendo las líneas rectas interiores, exceptuando aquellas que se encuentran a una distancia de 4 o menos letras, en cuyo caso seguirás el círculo. Las letras que se usan aparecen coloreadas en rosa y pueden utilizarse más de una vez. Entre paréntesis el número de letras de cada palabra.

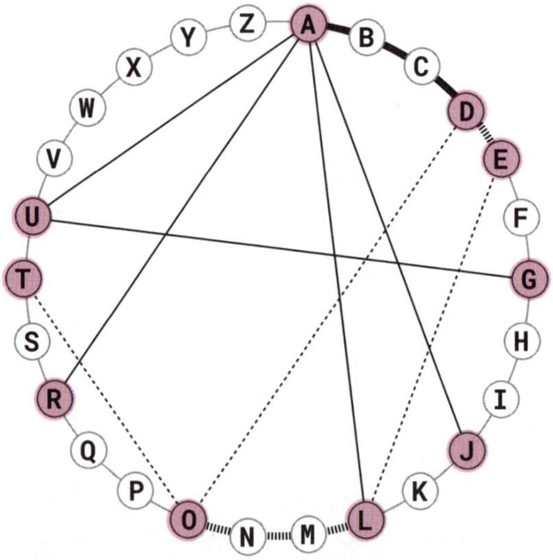

Pista: dos poblaciones españolas (6, 11)
Las líneas de una están en negro y las de la otra a puntos.

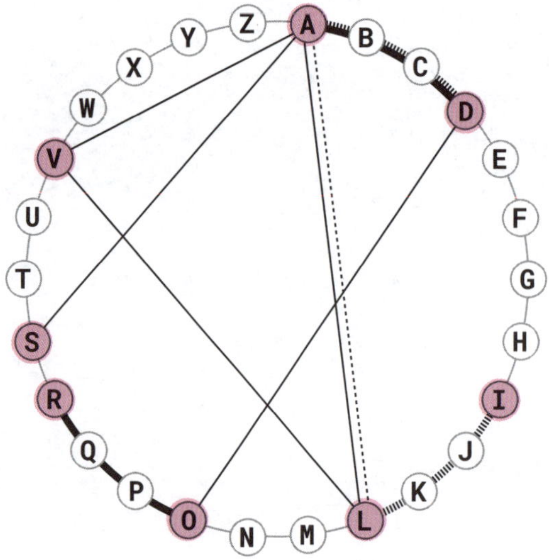

Pista: español universal (8, 4)

DIGIT

○○○●

Si utilizas el punto de vista adecuado podrás descubrir los apellidos de 3 famosos ingenieros constructores españoles.

ANILLOS

○○●●

Este pasatiempo funciona como un crucigrama normal, pero las casillas las hemos dispuesto para que parezcan anillos entrelazados.

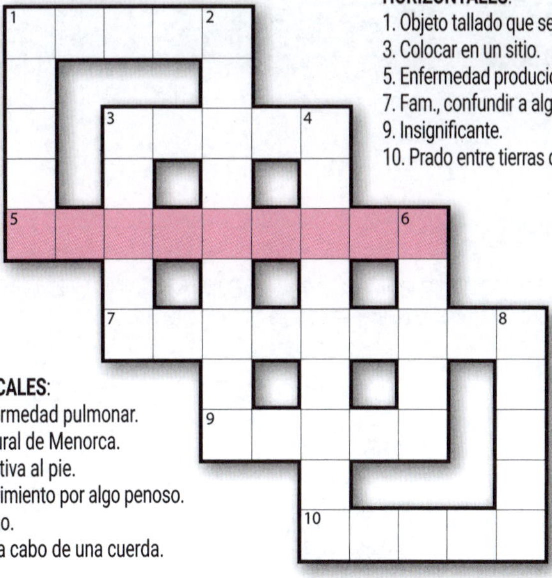

HORIZONTALES:
1. Objeto tallado que se venera.
3. Colocar en un sitio.
5. Enfermedad producida por el polvo de hierro.
7. Fam., confundir a alguien.
9. Insignificante.
10. Prado entre tierras de labranza.

VERTICALES:
1. Enfermedad pulmonar.
2. Natural de Menorca.
3. Relativa al pie.
4. Sentimiento por algo penoso.
6. Trono.
8. Cada cabo de una cuerda.

¿Cuál es la palabra que colocarías en las casillas coloreadas?

MACROS

○○○●

¿Sabes qué objetos son los que se ven parcialmente en estas fotos?

1

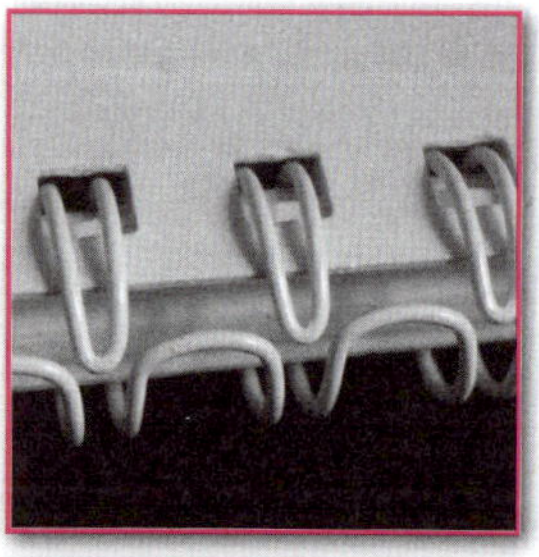

2

3

4

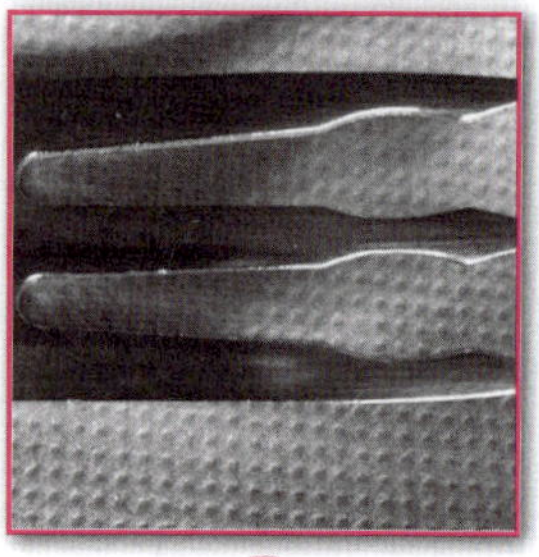

5

ESCALERA DE NAIPES

○○○●

El objetivo es colocar las cartas en la cuadrícula de tal manera que no se repita ningún palo ni figura tanto en horizontal como en vertical. La casilla coloreada es el as de corazones.

Por cierto, ¿sabrías decir cuál es la carta que está encima de las demás?

SOLUCIONES

Entreno #01

PÍLDORA. **Ninguna**; los pinos no dan bellotas.

HEXÁGONOS ENCADENADOS. Las palabras marcadas en blanco se leen en el sentido de las agujas del reloj, mientras las de negro se leen en sentido inverso: 1-J; 2-C; 3-K; 4-G; 5-I; 6-L; 7-H; 8-D; 9-A; 10-E; 11-F; 12-B. La **E** forma parte de la palabra **NEUTRO**.

DE VIAJE. A: Francia. *Torre Eiffel* (París); B: Egipto. *Pirámides* (El Cairo); C: Turquía. *Santa Sofía* (Estambul); D: Reino Unido. *Big Ben* (Londres); E: Portugal. *Torre de Belem* (Lisboa); F: Alemania. *Reichstag* (**BERLÍN**); G: Italia. *San Marcos* (Venecia); H: Grecia. *Partenón* (Atenas).

MONOGRAMAS. En el primer monograma se lee: **TOLEDO** y **GUADALAJARA**. En el segundo **SALVADOR DALÍ**.

DIGIT. Si inclinas la página del libro podrás ver los nombres de los ingenieros **GOICOECHEA**, **PERAL** (este al revés) y **DE LA CIERVA**, que inventaron respectivamente el talgo, el submarino y el autogiro.

ANILLOS. La palabra coloreada es **SIDEROSIS**.

MACROS. 1: Cinturón de seguridad. 2: Cuaderno. 3: Botón del elevalunas del coche. 4: Exprimidor. 5: Extremo de un tenedor con 3 puntas.

ESCALERA DE NAIPES. En la imagen tienes una posible solución. No hay ninguna carta más arriba que las demás: se trata de una composición similar a una escalera de Penrose.

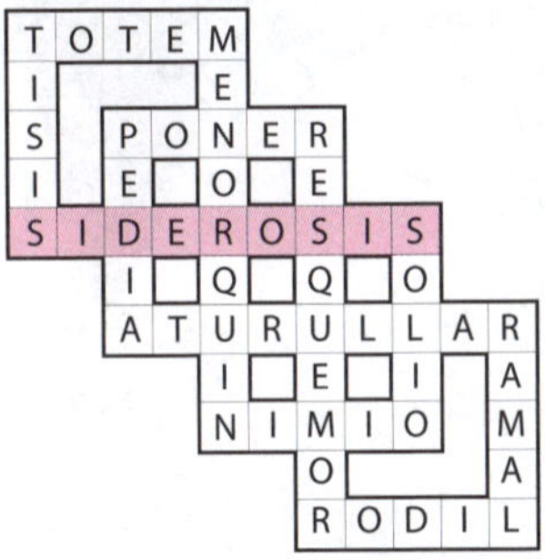

ESCAPE
#02

CHESY en el AVE

Chendesvinta, Chesy para los amigos, es la revisora del AVE a Murcia. Es un recorrido que hace con regularidad y se puede decir que se sabe al dedillo las estaciones, los tiempos, las velocidades, la distribución de los asientos y todo lo que tiene que ver con "su tren", como lo llama cariñosamente. No permite que nadie suba ni baje sin billete y tampoco permite los cambios de asiento: le crearía un estrés innecesario.

Por eso, cuando en el viaje del 22 de septiembre de 2020 subió en Madrid una excursión de 12 jóvenes murcianos con ganas de juerga, se le erizaron los pelos solo de pensar en el desorden que se iba a producir, sobre todo teniendo en cuenta que cada uno de ellos estaba en un vagón diferente y querrían juntarse todos para poder echar unas risas y alguna partida de cartas. Y sin el permiso de Chesy, lo que era una falta de respeto a su autoridad.

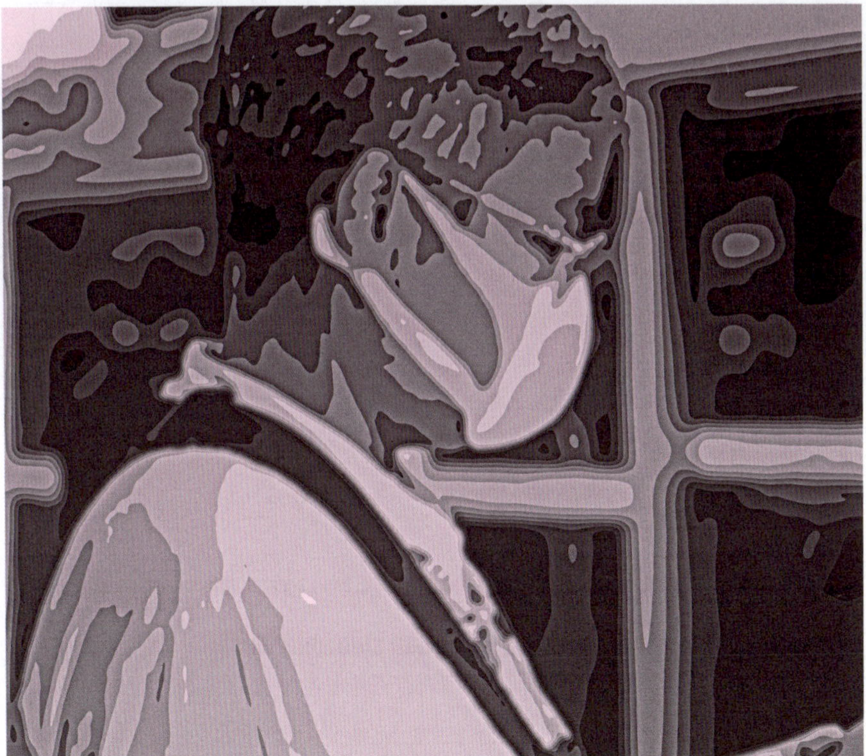

EL PLANO

○○○●

Aquí tienes la distribución de los 12 coches (así es como se llaman a los vagones del AVE), tal y como se publican en la web, con sus números de asiento (incluso los asientos anulados), para que puedas hacerte una idea del orden que tiene Chesy en su tren.

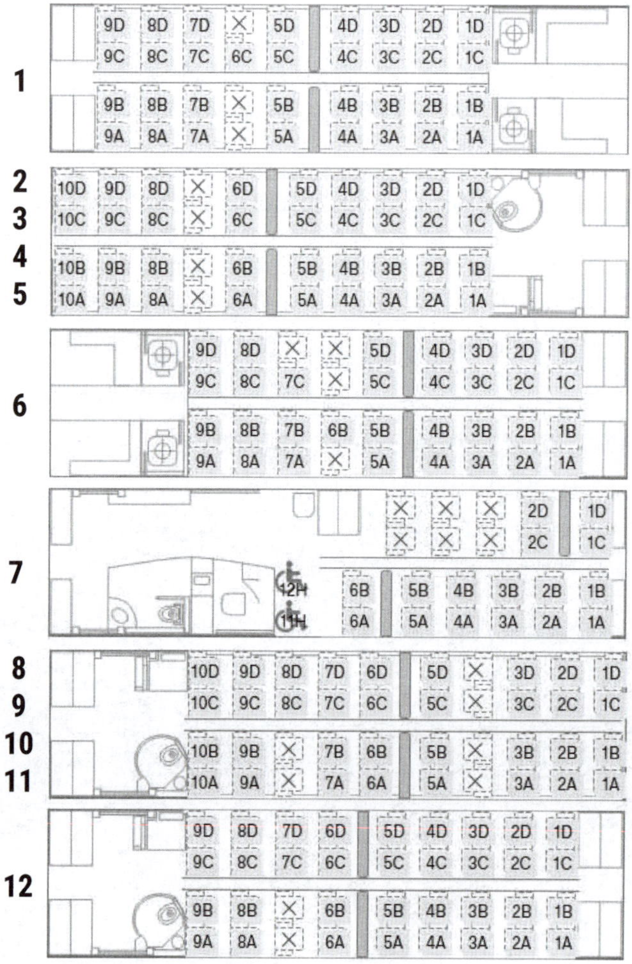

Una pista: ten en cuenta que a la izquierda tienes varios números en algunos vagones porque son iguales.

¿Cuántos asientos han sido anulados?

EL ESQUEMA

En el esquema inferior del tren puedes ver cómo es en realidad todo el convoy y la colocación de los jóvenes que le consta a Chesy. No es una disposición cualquiera, sino que aporta datos sobre la clave que permitirá a la revisora poder acceder a la cabina del conductor, cerrada para que no haya posibilidad de secuestro o distracciones.

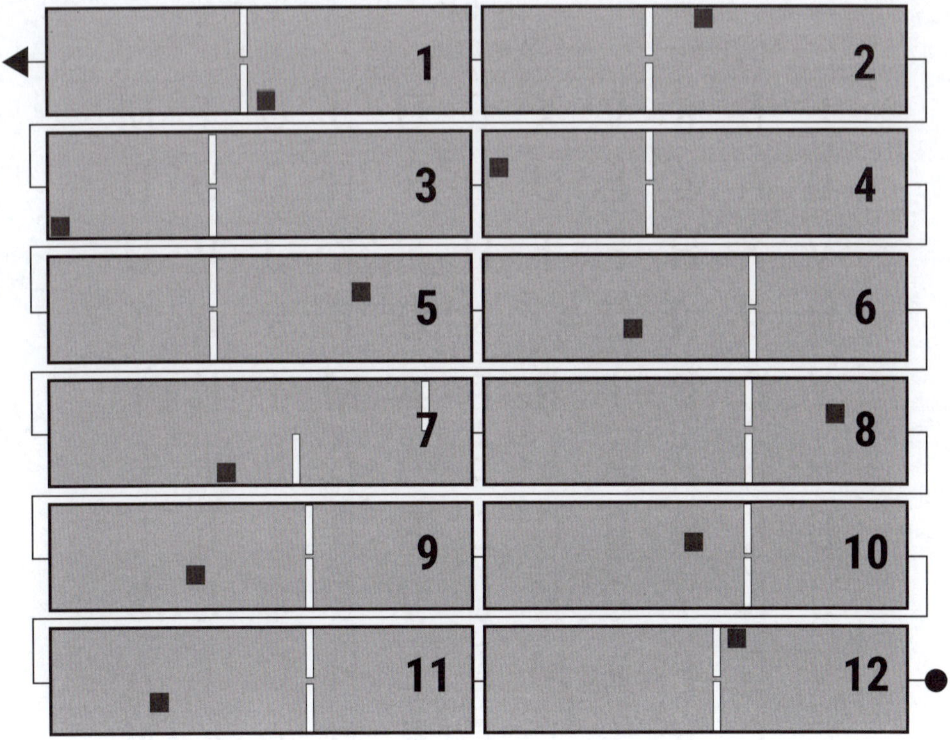

¿Cuánto suman los números de los asientos de los murcianos?

¿Cuál es la letra más frecuente?

¿Cuál es la menos?

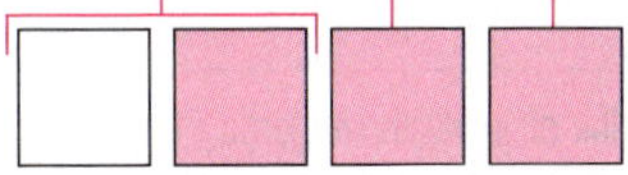

SOPA DE LETRAS

○○●●

En esta sopa de letras aparecen las estaciones que recorrerá el tren de Chesy. Son las de las lista, pero hemos revuelto las letras y te damos los anagramas como pista para encontrarlas, aunque en la sopa están bien.

LA LISTA

AABCEELT	ACIMRU	AEILLNV
AACEILNT	ADDIMR	CEEHL
ACCENU	AEHILORU	EILTU

E	B	K	V	X	C	Q	J	O	I	M
D	A	L	E	U	H	I	R	O	U	D
V	X	H	E	T	H	H	K	J	V	U
Ñ	R	N	O	Q	N	D	F	K	A	T
Y	C	D	I	R	D	A	M	I	K	I
A	N	A	A	L	B	A	C	E	T	E
B	Q	P	B	O	D	R	R	I	L	L
J	Ñ	Y	C	K	U	V	E	C	L	S
V	O	F	V	M	Ñ	L	H	O	T	A
G	C	V	I	L	L	E	N	A	K	N
Y	V	N	J	I	K	G	N	F	E	E

Ten en cuenta que hay una población que está en la lista y en la sopa, pero no pertence a la línea.

¿Cuál es la población que no está en la línea Madrid-Murcia?

Comienza a escribir en la casilla izquierda y ten cuenta que el número de casillas no es indicativo del número de letras de la respuesta.

IDEOGRAMA

○○○●

Combina adecuadamente las letras del interior del ideograma para deducir una palabra relacionada con la silueta sobre la que se encuentra.

¿Cuál es la palabra?

LA CLAVE

Es el momento definitivo para que ayudes a Chesy a entrar en la cabina del conductor, y para ello, escribe la clave formada por las letras y números que hayas colocado en los sucesivos pasatiempos y después comprueba en las soluciones si llegaste a abrir la puerta.

ENTRENO
#02

CÓCTELES

○○○●

Sin duda es algo que puede ser de ayuda para relajar el ambiente: tomar un elaborado cóctel. Pero en este caso solo 2 de los de la imagen son iguales porque los demás tienen sutiles diferencias con ellos.

¿Cuáles son dichos vasos y qué los diferencia de los demás?

¿Cuánto suman los números de los cócteles iguales?

SOPA DE LETRAS

○●●●

En esta sopa de letras aparecen nombres de cócteles por orden alfabético, pero para darle un toque un poco más complicado, te damos en la lista sus anagramas.

LA LISTA

AADEELNRX	AACIIKOPRS	AAAGIMRRT
BEEHILMN	ADIIIQRU	AIIMNRT
BNORX	BGINOS	IJMOOT
BELRTU	EGILMT	AHMSS
BHLLOSTU	AAAHMNNTT	IKNPSTU
AACHIIINPR		

O	T	M	A	R	G	A	R	I	T	A
A	D	A	I	Q	U	I	R	I	O	L
H	R	N	T	E	R	I	N	T	M	E
N	S	H	E	O	H	B	R	O	N	X
I	N	A	L	K	L	N	J	H	A	A
R	O	T	M	R	I	I	E	S	I	N
I	S	T	I	S	T	N	N	L	G	D
P	B	A	G	O	O	L	T	L	B	E
I	I	N	I	T	R	A	M	U	O	R
A	G	G	T	E	L	U	R	B	P	O
C	A	I	P	I	R	O	S	K	A	S

Una buena pista: las letras que no uses te premitirán descubrir una especialidad de una profesión.

¿Cuál es la especialidad?

AJEDREZ

En ambos tableros las blancas juegan y dan mate en un solo movimiento.

K (rey), **Q** (reina), **T** (torre), **C** (caballo), **A** (alfil), **P** (peón)

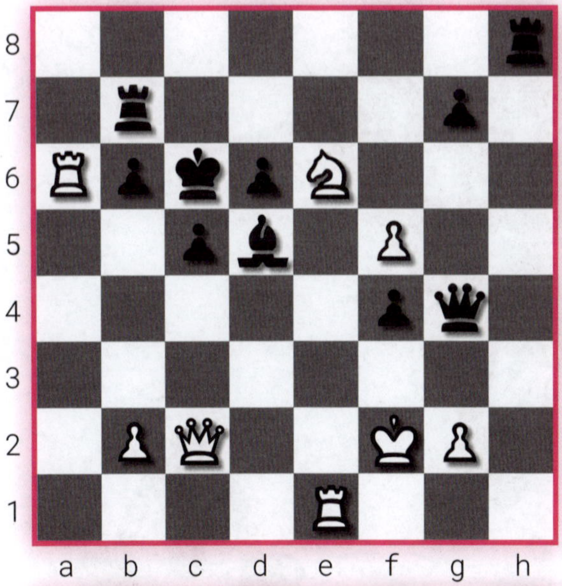

A ○○○●

¿Cuál es la pieza a mover + la letra y número de destino en cada tablero?

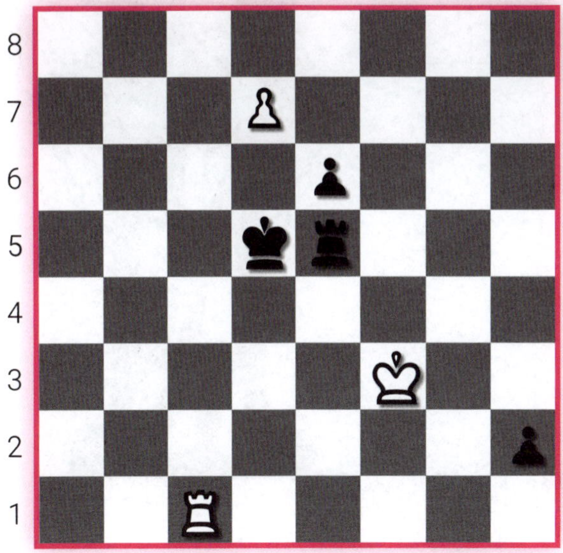

B ○○●●

IDEOGRAMAS

○○○●

Combina adecuadamente las letras del interior del ideograma para deducir una palabra relacionada con la silueta sobre la que se encuentra.

¿Cuál es la palabra?

☐☐☐☐☐☐

¿Cuál es la palabra?

☐☐☐☐☐☐☐☐

PISA

○○○●

En esta imagen de la famosa Torre de Pisa le hemos hecho un agujero hexagonal y tu objetivo es saber cuál de los siete de abajo es el que encaja perfectamente en él.

¿Cuál es el número del *tapón*?

SOLUCIONES

Entreno #02

CÓCTELES. Los vasos iguales son el **3** y el **5**, cuya suma es **8**.

SOPA DE LETRAS. La especialidad médica era **OTORRINOLARINGÓLOGO**.

AJEDREZ. A: **Q-a4**; B: **P-d8** (y se corona como **Q** o **T**).

IDEOGRAMAS. **NÉCTAR** e **INCENDIO**.

PISA. El hexágono **4** es el único que encaja en el hueco de la torre.

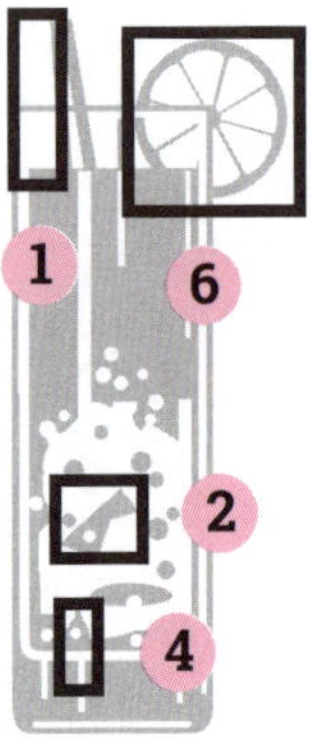

O	T	M	A	R	G	A	R	I	T	A
A	D	A	I	Q	U	I	R	I	O	L
H	R	N	T	E	R	I	N	T	M	E
N	S	H	E	O	H	B	R	O	N	X
I	N	A	L	K	L	N	J	H	A	A
R	O	T	M	R	I	I	E	S	I	N
I	S	T	I	S	T	N	N	L	G	D
P	B	A	G	O	O	L	T	L	B	E
I	I	N	I	T	R	A	M	U	O	R
A	G	G	T	E	L	U	R	B	P	O
C	A	I	P	I	R	O	S	K	A	S

ESCAPE
#03

En la MISIÓN

Es algo milagroso que un cohete como el *Saturno* lleve a tres astronautas hasta la órbita de la Luna y que mediante un módulo lunar, el *Eagle*, bajen hasta la superficie dos de ellos y pisen el satélite, para luego regresar a la Tierra. Todo un éxito, pero pudo ser también una tragedia.

¿Por qué?

Por la mayor de las tonterías: la puerta del módulo lunar no tenía prevista su apertura desde el exterior, por lo que si bajaban ambos astronautas y no se hubieran dado cuenta a tiempo para poner algo que impidiera su cierre involuntario, podría haber sido la Luna su cementerio.

Pero vamos a ver si conseguimos poner un sistema de apertura con clave que solucione el problema, aunque ya es un poco tarde ;-)

EL RETRATO

○○○●

Es casi seguro que recordarás los nombres de los tres astronautas que consiguieron, allá por 1969, la hazaña de alunizar sobre nuestro satélite, en el conocido como mar de la Tranquilidad.

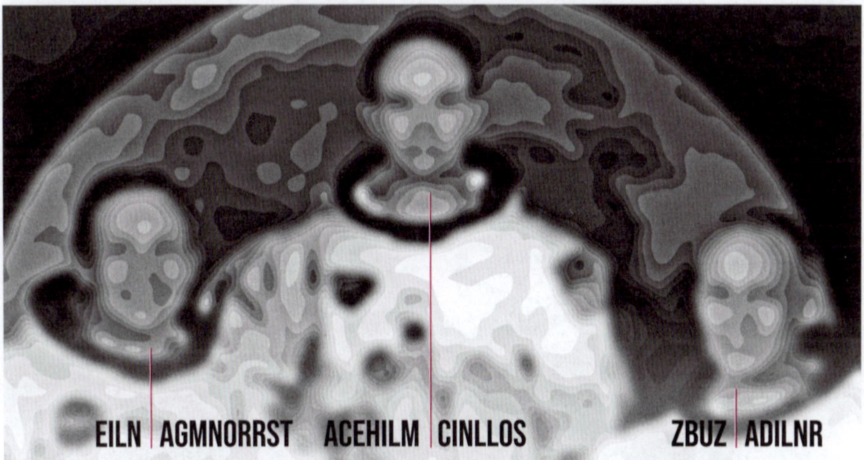

¿Cuál es el nombre de pila del que no pisó la Luna?

El número de casillas puede no ser indicativo del número de letras del nombre, por lo que es importante que comiences por la casilla de la izquierda.

FUGA DE LETRAS

○○●●

El que se quedó en el módulo de mando Columbia retransmitió a la Tierra el mensaje que tienes a continuación en inglés y traducido al español, pero se han eliminado las vocales. No te será difícil reconstruirlo y responder a la pregunta de abajo.

Hst*n, Tr*nq**l*ty B*s* h*r*. Th* **gl* h*s l*nd*d.**

Hst*n, *q** B*s* Tr*nq**l*d*d. *l *g**l* s* h* p*s*d*.**

¿Cuál es la vocal que aparece más veces?

ESCUDOS

○○○●

Abajo tienes unos cuantos escudos de las misiones Apolo de la NASA, todos duplicados menos uno, que está solo una vez y otro que está 3 veces (el "tripitido").

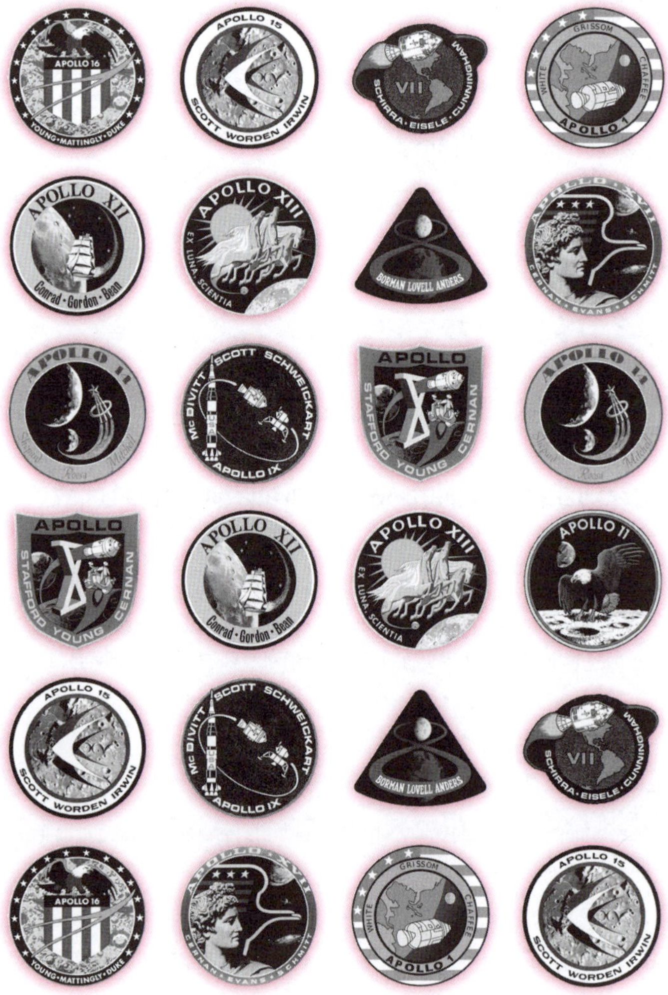

¿Cuánto suma el número de misión del escudo solitario más el *tripitido*?

WORDOKU

El wordoku funciona como un sudoku, pero con letras: deben estar las 9 letras diferentes en columnas, filas y regiones. Cuando lo termines podrás leer por orden de regiones (de izquierda a derecha y de arriba abajo) las letras que coloques en las casillas coloreadas para descubrir la última de las palabras de la frase misteriosa.

M				L	H	N		A
I			U				H	
	A	R		N				
			R				L	H
	U				M			
						A		N
		M			R		I	
		H		D	L			

Esta es la frase misteriosa:

UN * * PARA EL *,

UN * * PARA LA *

¿Cuál es la palabra de 7 letras que tiene la frase?

LABERINTO

Recorre el laberinto correctamente, comenzando por una de las casillas marcadas con un punto y terminando en la otra, a la vez que vas "cosechando" letras. Si lo haces correctamente, descubrirás dos palabras en latín cuya traducción al español te será fácil deducir.

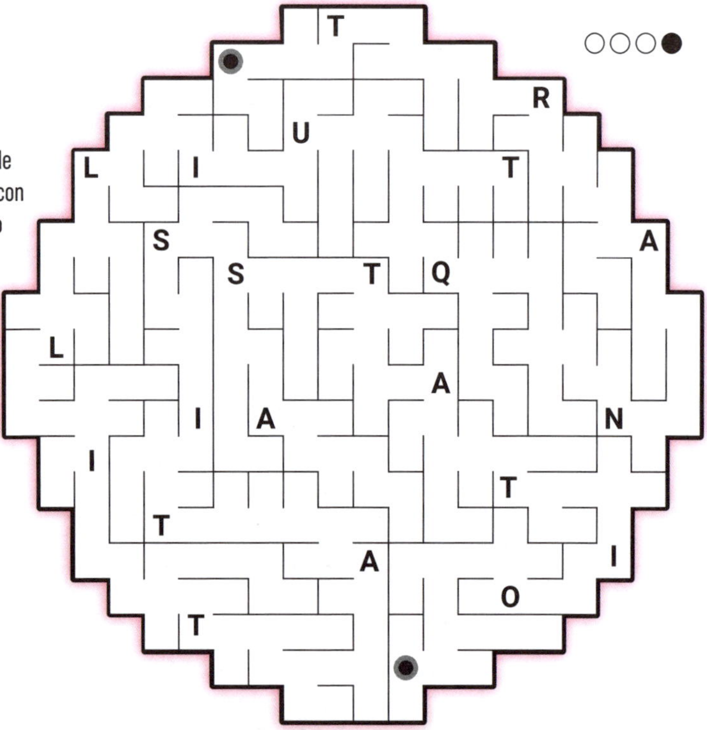

¿Cuáles son las dos palabras en español?

LA CLAVE

Soñemos un poco, es el momento definitivo que permitirá que Armstrong y Aldrin puedan abandonar juntos el módulo lunar porque has descubierto la clave que permite que su puerta de acceso pueda abrirse sin problemas desde fuera.

ENTRENO
#03

NONOGRAMA

○○●●

El objetivo es rellenar el número exacto de casillas necesarias para conseguir formar una imagen a base de píxeles (cuadrados negros). Para ello te damos como pista los números exteriores de cada fila y columna, que indican los bloques de casillas negras que contienen; estas pueden estar separadas por una o más casillas en blanco. Abajo tienes un ejemplo para entender mejor el pasatiempo.

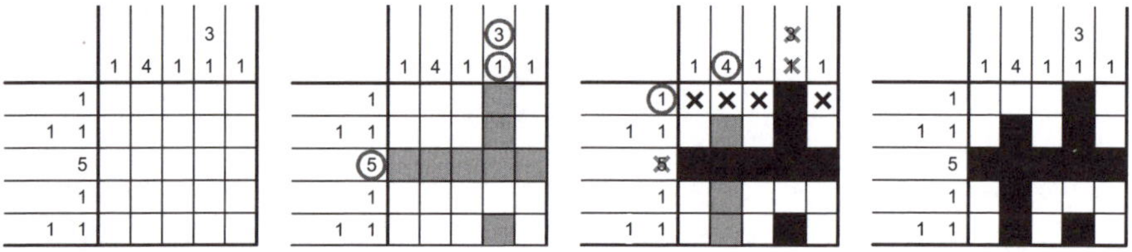

Columnas (de izquierda a derecha):

1. 4 7
2. 5 9
3. 6 11
4. 19
5. 4 14
6. 3 15
7. 3 2 1 1 4
8. 7 1 1 4
9. 19
10. 3 2 1 1 1 1
11. 3 2 1 1 1 1
12. 19
13. 7 1 1 4
14. 3 2 1 1 4
15. 3 15
16. 4 14
17. 19
18. 6 11
19. 5 9
20. 4 7

Filas (de arriba abajo):

1. 2 2
2. 16
3. 18
4. 20
5. 5 2 2 5
6. 4 10 4
7. 20
8. 3 1 1 3
9. 4 1 1 4
10. 18
11. 6 1 1 6
12. 6 1 1 6
13. 20
14. 6 1 1 6
15. 6 1 1 6
16. 20
17. 9 9
18. 8 8
19. 16
20. 3 3

LA PLANTILLA

Descubre las cuatro ciudades que esconde la placa de letras de la izquierda al superponer mentalmente la plantilla de la derecha sobre ella y leyendo las letras que quedan a la vista.

Puedes girarla y también darle la vuelta.

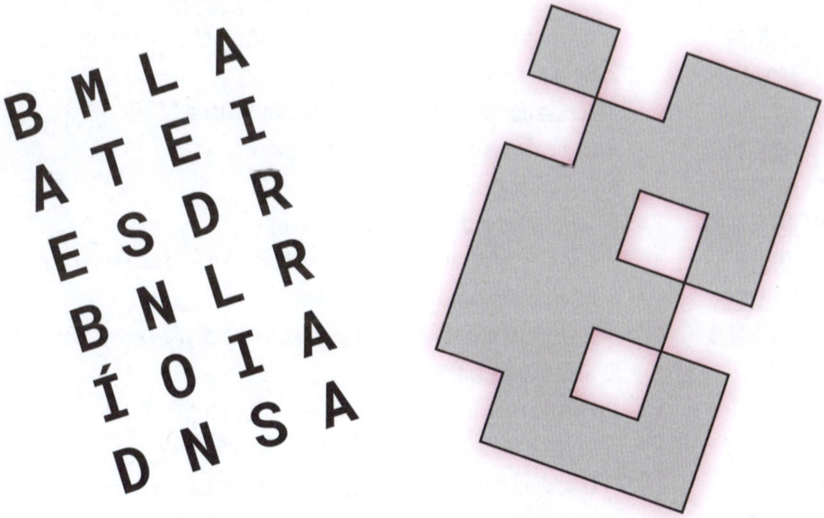

¿Cuál es la primera por orden alfabético?

PÍLDORA

Augusto salió de casa tan rápidamente que se olvidó el carné de conducir. Como tenía mucha prisa, iba a tanta velocidad que no vio si el semáforo estaba rojo o verde y continuó hacia delante. Se metió por una calle en dirección contraria a la circulación y continuó a toda velocidad. A solo dos metros de distancia, un policía se le quedó mirando, pero no lo detuvo y le dejó seguir su camino.

¿Por qué no le paró el agente?

DEFINICIONES ○●●●

Tu objetivo es hacer corresponder las palabras de la columna de la izquierda con sus definiciones de la RAE, en la columna de la derecha.

	PALABRAS		DEFINICIONES
A	AFLORAR	1	Diagnóstico de enfermedades mediante la observación del iris del ojo.
B	APORÍA	2	Sereno ante el peligro, impertérrito.
C	ESCARIAR	3	Tortilla de maíz o fracción de ella muy tostada.
D	FINIESTRA	4	Dicho de los ojos, de color azul claro.
E	HÁLARA	5	Pez selacio parecido al tiburón.
F	HEPTARQUÍA	6	Telilla interior del huevo de las aves.
G	IMPALA	7	Capa de tejido adiposo situada debajo de la piel de los vertebrados.
H	IMPÁVIDO	8	Instrumento musical muy antiguo.
I	IRIDOLOGÍA	9	Hueco que queda entre el borde alto del durmiente y el bajo del trancanil.
J	NABLA	10	Salir a la superficie.
K	OTARIO	11	Persona con muchos defectos en lo físico o en lo moral.
L	PANÍCULO	12	Cota de armas larga, ancha de cuerpo y de mangas.
M	PLAQUÍN	13	Dificultad para ver de noche o con luz escasa.
N	PLEPA	14	Ventana.
Ñ	PRISTE	15	Agrandar o redondear el diámetro de un tubo.
O	SARRAJÓN	16	Pelos sensoriales.
P	SENESCENTE	17	Que empieza a envejecer.
Q	TOTOPOSTE	18	Planta silvestre de la familia de las gramíneas.
R	VIBRISAS	19	Tonto, fácil de embaucar.
S	ZARCO	20	Rama de un árbol.
T	ENTREMICHE	21	Modo de ir las ovejas o cabras en fila por las sendas.
U	HEMERALOPÍA	22	Enunciado que expresa una inviabilidad de orden racional.
V	AZAGÓN	23	Hombre que tiene oficio de buzo.
W	MONOSPERMO	24	País dividido en siete reinos.
X	SOMORGUJADOR	25	Premio o galardón que se da por el trabajo.
Y	MERCED	26	Antílope africano.
Z	QUIMA	27	Fruto que solo contiene una semilla.

¿Cuáles son las letras de las definiciones 12, 23 y 6?

☐ ☐ ☐

ARABESCO

○○●●

Este pasatiempo funciona como un crucigrama, aunque sin duda es más difícil al tener menos cruces de palabras. Ordenando adecuadamente las letras que pongas en las casillas coloreadas descubrirás una palabra relacionada con la música de diciembre.

HORIZONTALES:

1. En este día. 3. Papi inglés. 5. Signo del Zodíaco. 7. Producir zumbidos. 8. Apártate. 9. Trivial, sin sustancia. 10. Atenerse al ritmo. 14. Con el mismo nombre pero menor. 16. País africano. 18. Derrenga. 19. Trompo, juego infantil. 21. Rece. 22. Oferta de compra de acciones de una empresa. 23. Interjección muy andaluza.

VERTICALES:

1. Conjunto de rayos luminosos. 2. País asiático. 3. Representación del mal. 4. De aquí. 5. Utilización incorrecta del lo. 6. Composición poética. 9. Arbusto decorativo. 11. Bebida de piratas. 12. Sature de agua. 13. Nombre de mujer. 15. Mineral utilizado en joyería. 17. Forma de suicidio prendiéndose fuego. 18. Preso. 20. Alta Velocidad Española.

¿Cuál es la palabra que forman las casillas rosas?

BARAJA FRANCESA

○○○●

Según el orden lógico de la siguiente secuencia, ¿cuál es la carta que está al revés?

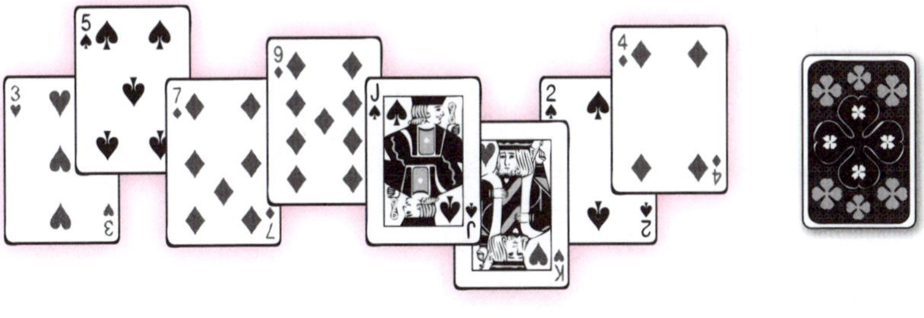

JEROGLÍFICOS

○○○●

Descifra estos tres jeroglíficos, muy relacionados con el comienzo, el intermedio y el final de una comida.

¿Cuáles son las palabras?

SOLUCIONES

Entreno #03

NONOGRAMA. La figura que se forma es un **TELÉFONO**.

LA PLANTILLA. Las ciudades son **MADRID**, **ATENAS**, **LISBOA** y **BERLÍN**.

PÍLDORA. Porque Augusto iba a pie.

DEFINICIONES. La correspondencia de palabras a definiciones: 1: iridología, 2: impávido, 3: totoposte, 4: zarco, 5: priste, 6: hálara, 7: panículo, 8: nabla, 9: entremiche, 10: aflorar, 11: plepa, 12: plaquín, 13: hemeralopía, 14: finiestra, 15: escariar, 16: vibrisas, 17: senescente, 18: sarrajón, 19: otario, 20: quima, 21: azagón, 22: aporía, 23: somorgujador, 24: heptarquía, 25: merced, 26: impala, 27: monospermo.
Las letras de las definciones de las palabras 12-23-6 son: **MXE**.

ARABESCO. La palabra es **ZAMBOMBA**.

BARAJA FRANCESA. **6 de rombos** (En la serie se van mostrando los números impares de dos en dos de forma ascendente hasta que salen todos. Seguidamente, se hace lo mismo pero con los pares, por eso toca un 6. En cuanto a los palos, se muestra la serie: corazones-picas-rombos-rombos-picas y se vuelve a empezar de nuevo, por eso tocan rombos).

JEROGLÍFICOS. 1: **PERCEBES** (pe; R; ce; be; S), 2: **SOLOMILLO** (sol; O; mil; L; O), 3: **FLAN** (nota FA y en medio L; N).

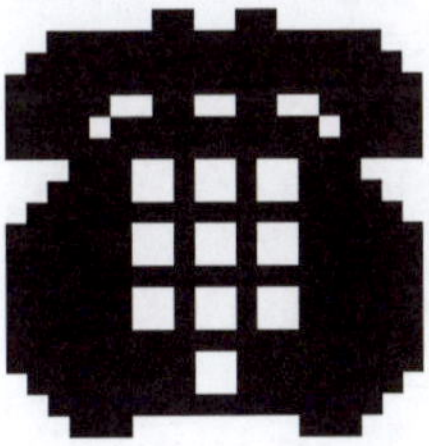

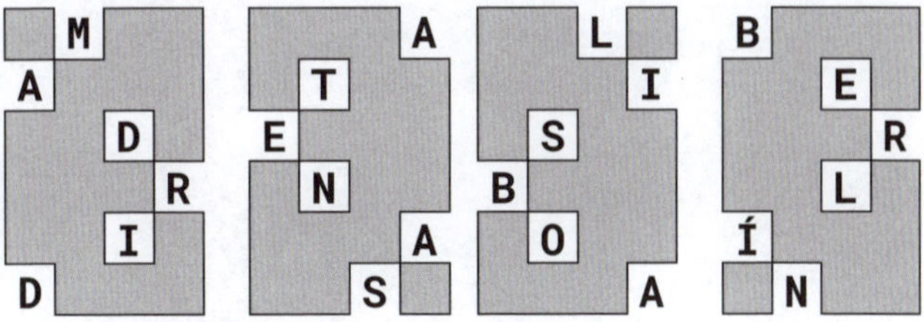

ESCAPE
#04

En la tienda de LUIS

Luis es un relojero de los de antes. Verle inmerso en el taller de su relojería clásica es una delicia, porque no sé qué tienen los engranajes, pero verlos es algo que fascina, sobre todo cuando tienes la oportunidad de ver en marcha sus entrañas y sonidos.

También tiene una tienda donde vende relojes de todo tipo, incluso modernos, pero no deja de ser un apasionado que sabe perfectamente toda la historia que acompaña al reloj a lo largo de los tiempos. Incluso ha utilizado de forma especial esos conocimientos para crear cerraduras con clave para abrir cualquier cosa que el cliente le pida y así ponerlos a prueba de ladrones. El objetivo de este capítulo de escape es precisamente lograr descubrir la clave del artilugio de Luis.

Por cierto, parece que sus padres acertaron al bautizarlo con ese nombre de pila, porque su santo lo celebra el día de san Luis Martín (12 de julio), relojero francés al que canonizó el papa Francisco en 2015.

LOS TIPOS

○●●●

Es casi seguro que sabes mucho de relojes, aunque quizá te sorprenda alguno de los que aparecen en esta lista cuyos nombres debes poner en la cruzada. Si los colocas adecuadamente, podrás deducir el nombre del que pongas en las casillas grises, cuyo nombre antiguo puedes formar con las letras de las casillas coloreadas.

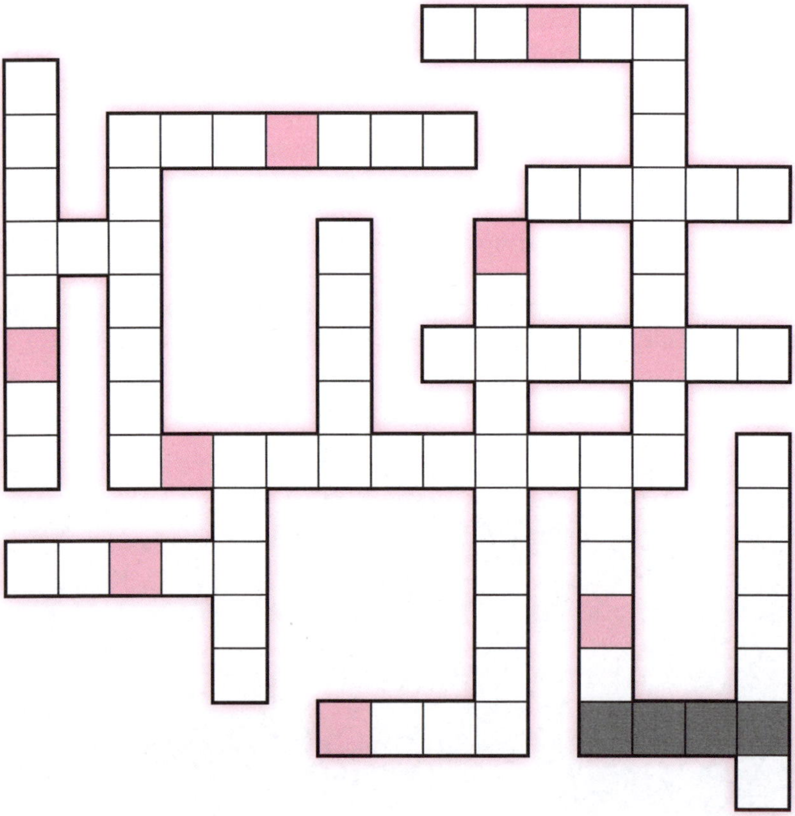

SOL
AGUA
CUCO
ARENA

FUEGO
SALÓN
TORRE
VAPOR

CUERDA
ATÓMICO
DIGITAL

PÉNDULO
PULSERA
BOLSILLO

ANALÓGICO
AUTOMÁTICO
ASTRONÓMICO

¿Cuál es el nombre antiguo del reloj?

ENGRANAJES

○○●●

Aquí tienes un mecanismo totalmente diferente al de un reloj, pero nos sirve para que sea más sencillo de ver. El engranaje 1 es dextrógiro, es decir, que gira en el sentido de las agujas del reloj. Por otro lado, las correas A y B transmiten el movimientro a los engranajes a los que están conectados.

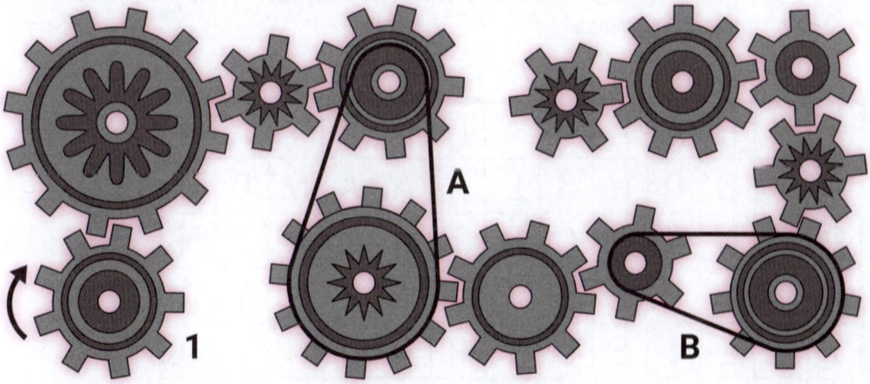

¿Sabrías decir cuántos engranajes levógiros hay?

Los levógiros giran en sentido contrario a los dextrógiros.

PARTES DEL RELOJ

●●●●

En la imagen tienes dos partes fundamentales de un reloj analógico que Luis es capaz de fabricar con la habilidad de un reputado artesano, pero lo que quizá no sepas es cómo se llaman ambas piezas: la que tiene forma de arco y la rueda inferior a la que sujeta.

¿Cuál es el nombre de la pieza superior?

Una pista: es una de las del pasatiempo siguiente.

CADENAS

○○●●

A la derecha tienes una lista de algunos términos que seguro que serán muy conocidos por los aficionados a los relojes, y por supuesto para profesionales como Luis. Hay que encontrarlos todos menos uno en el encasillado inferior, donde pueden estar escritos cambiando de dirección según se pasa de una casilla a otra contigua, pero nunca en diagonal, y ninguno se cruza con otro. Te damos uno ya colocado para que te sirva de ejemplo. No pueden sobrar letras.

Á	N	R	A	A	R	A	Q	U	E	T	A	R
A	C	O	O	N	S	E	R	A	A	M	B	O
P	E	N	R	O	O	R	I	J	T	P	I	N
A	R	T	E	C	E	T	T	A	L	L	T	Ó
T	O	L	T	E	L	I	R	R	C	A	I	D
E	D	U	E	F	S	E	B	A	N	A	A	L
T	N	A	R	T	O	U	R	V	C	A	J	E
N	É	P	E	N	A	M	B	I	R	A	I	S
A	A	I	C	I	R	C	I	L	O	L	B	A
L	L	L	T	S	L	N	O	L	S	O	N	E
O	E	T	A	R	A	C	C	A	T	A	E	R
V	E	E	L	I	E	U	D	A	J	L	R	R
A	P	U	Q	P	S	E	R	Y	O	I	Í	O
C	S	E	N	I	R	T	S	A	A	N	A	C

LA LISTA

CAJA
DIAL
TAPA
TIJA
~~TREN~~
ANCLA
BISEL
JOYAS
PITÓN
ROTOR
ÁNCORA
CORONA
CORREA
CUERDA
ESCAPE
ESFERA
TAMBOR
VIROLA
CRISTAL
ESPIRAL
PÉNDULO
RAQUETA
RESORTE
SONERÍA
VOLANTE
CATALINA
BARRILETE
MANECILLA
TRINQUETE
TOURBILLON

¿Cuál es el término que no aparece en el tablero?

El número de casillas no es indicativo del número de letras de la palabra. Escríbela de izquierda a derecha.

EL TIEMPO

○○●●

Conociendo la hora del reloj de arriba, tu objetivo es deducir la posición de las agujas de los relojes A y B al restarle o sumarle respectivamente los minutos que se indican.

Escribe ambas horas abajo

A ☐☐ : ☐☐

B ☐☐ : ☐☐

LA CLAVE

Luis descubrió una forma de generar claves con su reloj digital y tu objetivo es desentrañar la que ha utilizado para abrir su artilugio secreto.

☐☐☐☐☐☐☐

ENTRENO
#04

ADIVINANZA

○○○●

Una nueva adivinanza escondida en un QR. Si intentas interpretarlo con el móvil verás que no funciona porque primero tienes que hacerlo útil rellenando las partes grises con un bolígrafo o rotulador.

Solución a la adivinanza.

UN PROBLEMA

○○○●

Algunos meses tienen 30 días y otros 31...

¿Cuántos tienen 28 días?

SERIE NUMÉRICA

○●●●

Siguiendo la lógica del resto de los números de los hexágonos...

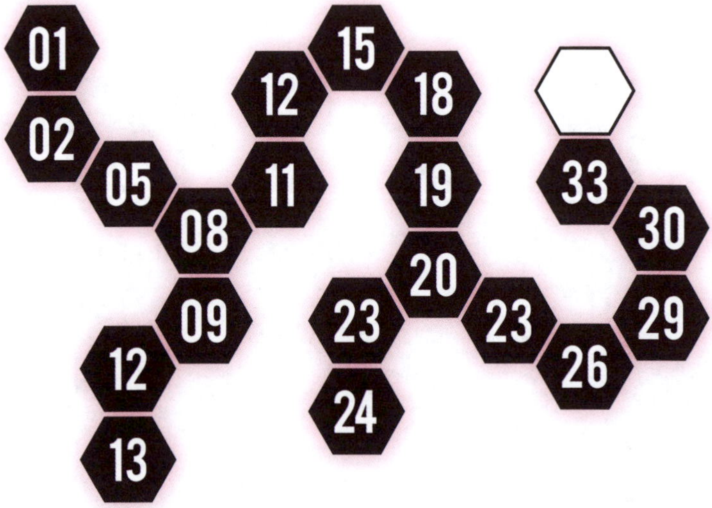

¿Cuál sería el número a poner en la casilla blanca y por qué?

CERILLAS

○○●●

Mueve una sola cerilla para convertir esta operación errónea en una correcta.

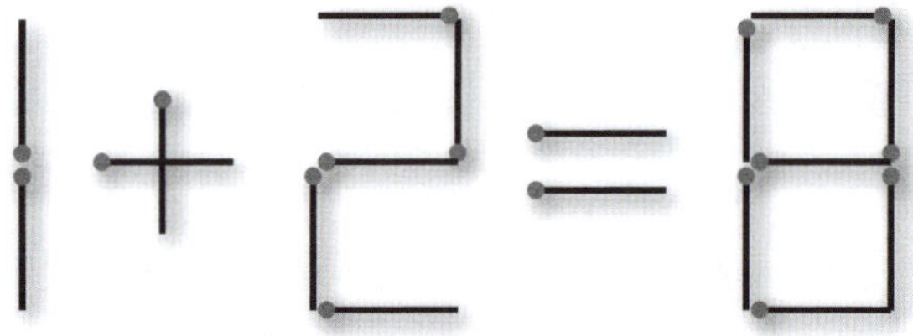

¿Cuál es la igualdad resultante?

PAÍSES ESCONDIDOS ○○○●

Detrás de cada uno de estos grupos de letras se esconde un país a descubrir.

1. NIRTANGEA
2. RANTELAGIR
3. MANEILAA
4. DISAFRUCA
5. GARAINUCA

¿Cuál es el número del que está más al norte?

CUADRADOS ○○●●

¿Cuál es la composición que sobra y por qué?

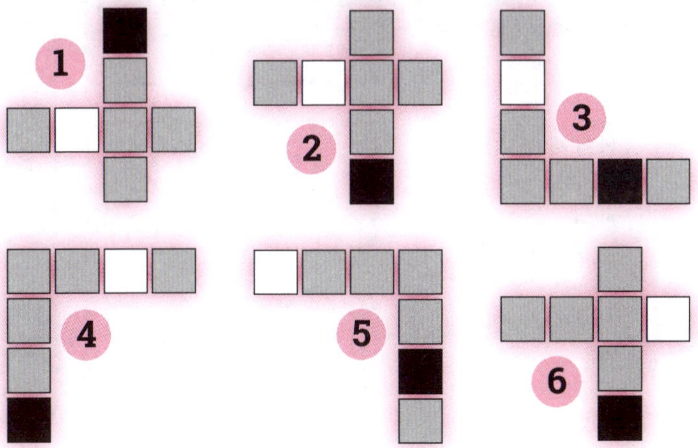

HEXÁGONOS ENCADENADOS

○○●●

Coloca las palabras de la derecha en las seis casillas dispuestas alrededor de cada número, de forma que encajen con las que tienen a ambos lados en los hexágonos comunes. Ten en cuenta que cada palabra puede empezar en cualquiera de los hexágonos y además que los números del mismo color (blanco o negro) se leen en el sentido de las agujas del reloj o viceversa. El orden de la lista no se corresponde con los números.

¿Cuál es la palabra de la que forma parte de la letra A ya colocada como pista?

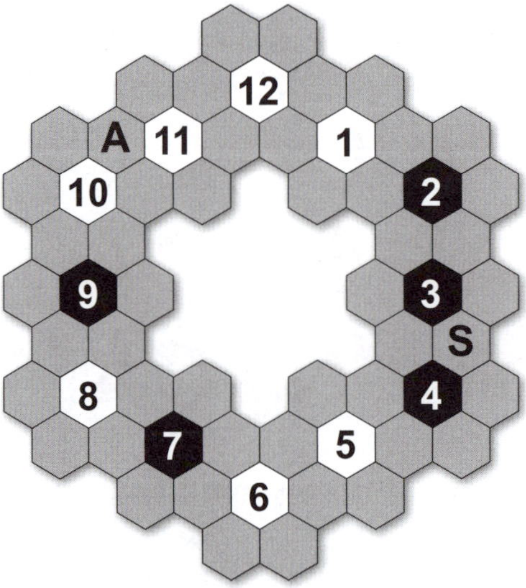

A	COMITÉ
B	COPITA
C	FIORDO
D	GARFIO
E	GITANA
F	LÁMINA
G	NALGAS
H	OREJAS
I	PAGANO
J	RELEVO
K	ROÑOSA
L	VERBAL

CADA OVEJA CON SU PAREJA

○○○●

Los dibujos tienen su correspondiente pareja en la lista de palabras de abajo.

Tal vez algunas de estas palabras sirvan para más de un dibujo, pero al final se trata de conseguir que todos ellos tengan una única palabra como pareja.

- ☐ RESIDUO
- ☐ FLEXIBLE
- ☐ AGUA
- ☐ MATEMÁTICAS
- ☐ VISTA
- ☐ ANTENA
- ☐ LUNA
- ☐ RAÍZ
- ☐ CIERRE

TRIDOKU

○●●●

Para resolver cualquier sudoku solo tienes que tener en cuenta que en las filas, columnas y regiones estén todos los dígitos del 1 al 9 (1 al 6 y 1 al 4, según el caso) sin repetir ninguno.
El tridoku ha de resolverse comenzando por el más pequeño (4x4), para deducir los números de las casillas con símbolos, y trasladando al siguiente sudoku (6x6) los números correspondientes a los distintos símbolos que has averiguado en el anterior. Por último, una vez colocados los números de los símbolos en el sudoku grande (9x9) podrás resolverlo y finalizar así el pasatiempo.

		♦	2
	♣		4
1	●		
2			✚

	5	♥	✚		
					6
♦		●	5		
		5	♣		✚
6					
♠		✚		●	

	8		9		7		♠	
	♣	♦				●	9	
	♥	♠	♦		8	7	♣	
		7	✚		♣	♥		
	♦	8	♥		●	9	✚	
	●	9				♣	7	
	♠		♣		✚		♦	

¿Cuánto suman los números de las casillas coloreadas?

SOLUCIONES

Entreno #04

ADIVINANZA. La adivinanza decía: ¿cuál es la flor que tiene las cinco vocales en su nombre? **ORQUÍDEA**.

UN PROBLEMA. Los **12** meses tienen 28 días, aunque casi todos tengan más días.

SERIE NUMÉRICA. **34**. La serie avanza sumando uno en el desplazamiento vertical y 3 en el diagonal.

PAÍSES ESCONDIDOS. El **2** de la lista: ARGENTINA, **INGLATERRA**, ALEMANIA, SUDÁFRICA y NICARAGUA.

CERILLAS. La solución sería **7 + 2 = 9**.

CUADRADOS. La **3**. Todas menos la 3 tienen un cuadrado blanco en horizontal y un cuadrado negro vertical.

HEXÁGONOS ENCADENADOS. 1-D; 2-C; 3-K; 4-H; 5- J; 6-L; 7-F; 8-A; 9-B; 10-E; 11-G; 12-I. La **A** forma parte de la palabra **NALGAS**.

CADA OVEJA CON SU PAREJA. 1: Agua. 2: Antena. 3: Cierre. 4: Flexible. 5: Luna. 6: Matemáticas. 7: Raíz. 8: Residuo. 9: Vista.

TRIDOKUS. Las casillas verdes suman: 3 + 5 + 8 + 7 = **23**.

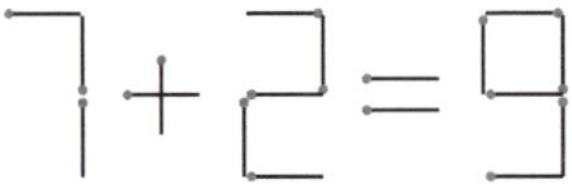

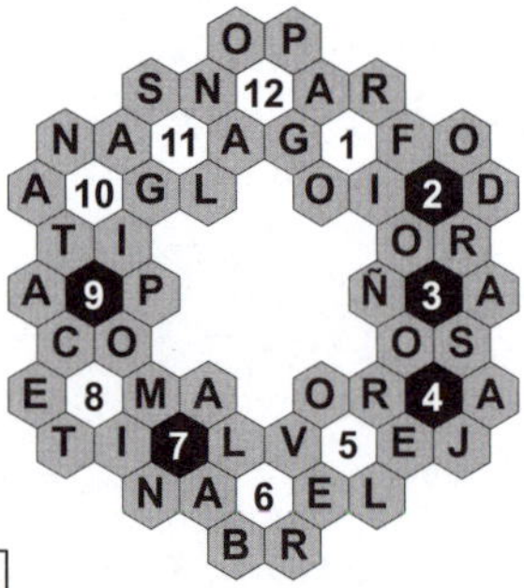

4	1	3	2
3	2	1	4
1	4	2	3
2	3	4	1

2	5	6	1	3	4
1	4	2	3	5	6
3	6	4	5	1	2
4	3	5	2	6	1
6	1	3	4	2	5
5	2	1	6	4	3

6	8	4	9	3	7	1	5	2
9	7	1	4	2	5	3	6	8
5	2	3	8	1	6	4	9	7
1	6	5	3	9	8	7	2	4
4	9	7	1	5	2	6	8	3
2	3	8	6	7	4	9	1	5
8	4	9	5	6	3	2	7	1
3	1	2	7	8	9	5	4	6
7	5	6	2	4	1	8	3	9

ESCAPE

#05

La prisión de FRANK

Quizá el nombre no te diga mucho, pero Frank fue una de las leyendas de la prisión de Alcatraz, auténtica pesadilla para su alcaide, cuando consiguió fugarse junto con dos compañeros que organizaron una de las fugas más ingeniosas que se conocen. Se hizo una fantástica película sobre esta trama en la que Clint Eastwood hace una interpretación magistral de nuestro protagonista.

Nos preguntamos si habría sido posible evitar esa fuga, lo mismo que otros intentos que hubo de escapar de la considerada como la prisión de la que era imposible huir, y no hemos llegado a una solución concluyente. En la actualidad, esta prisión ya no necesita ser protegida para que no escape nadie, porque ya no cumple su función penal, sino que ahora se visita como atracción turística y seguramente más bien tendrá una cerradura en la que será necesario introducir una clave para entrar, no para escapar. Pero cumple nuestro objetivo de diversión en este libro para deducir cuál es dicha clave.

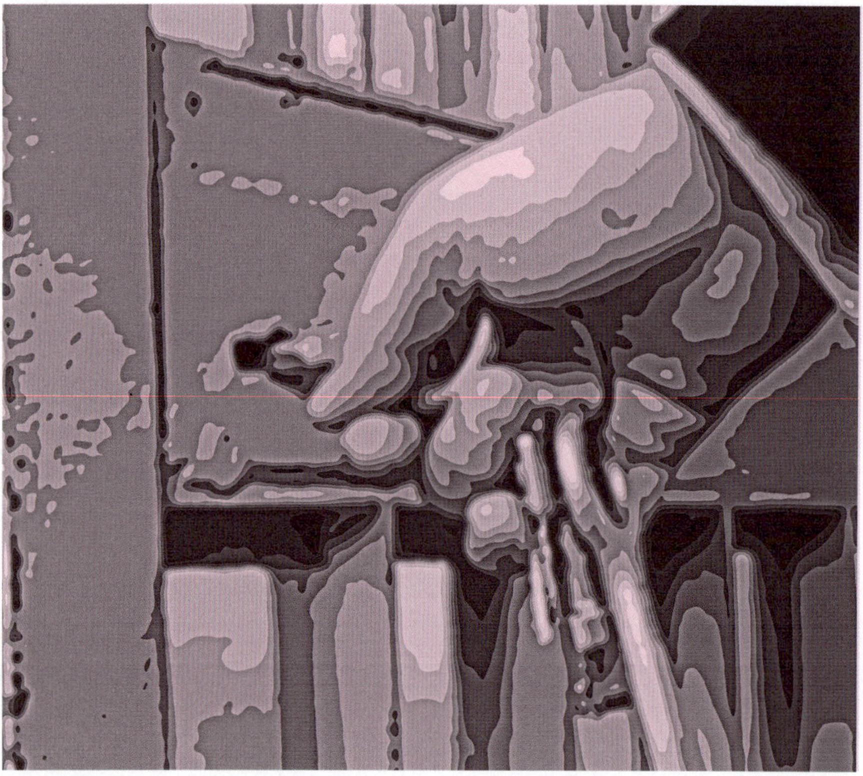

MÁSCARAS

○○○●

Una de las curiosidades de la fuga de Frank fue que tuvo que hacer una tosca máscara de cartón pintada cuya finalidad era que, cuando el guardia hiciera su ronda, pasara por delante de su celda y la iluminara con su linterna para comprobar que el preso estaba en ella, creyendo de esta manera que aún seguía en la celda mientras en realidad estaba en sus labores de evasión.

Hay una repetida, ¿sabes cuál es?

¿Cuántas máscaras hay en total?

Decenas	Unidades

Cuenta también la duplicada.

JEROGLÍFICO

A estas alturas no deberías tener ninguna dificultad para descifrar este jeroglífico, muy relacionado con Frank.

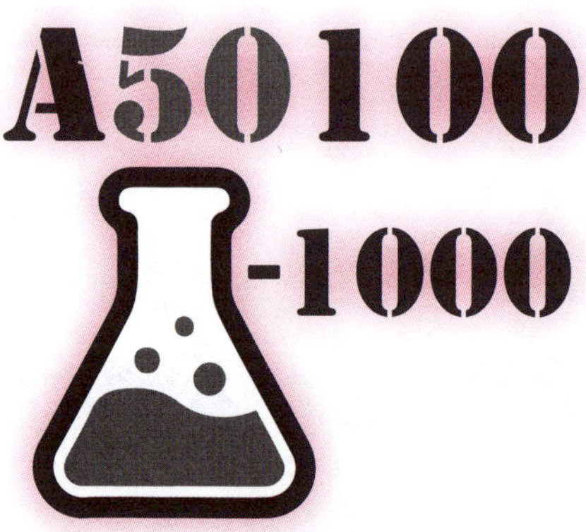

¿Cuál es la palabra?

EL SEUDRÓN

Hemos volado nuestro *seudrón* sobre la isla de Alcatraz para poder marcarte algunas de las dependencias más destacadas. Deberás memorizarlas para después pasar la página y localizar en el plano los siguientes elementos: la torre del muelle, la capilla, el faro, el depósito de agua y la torre de guardia.

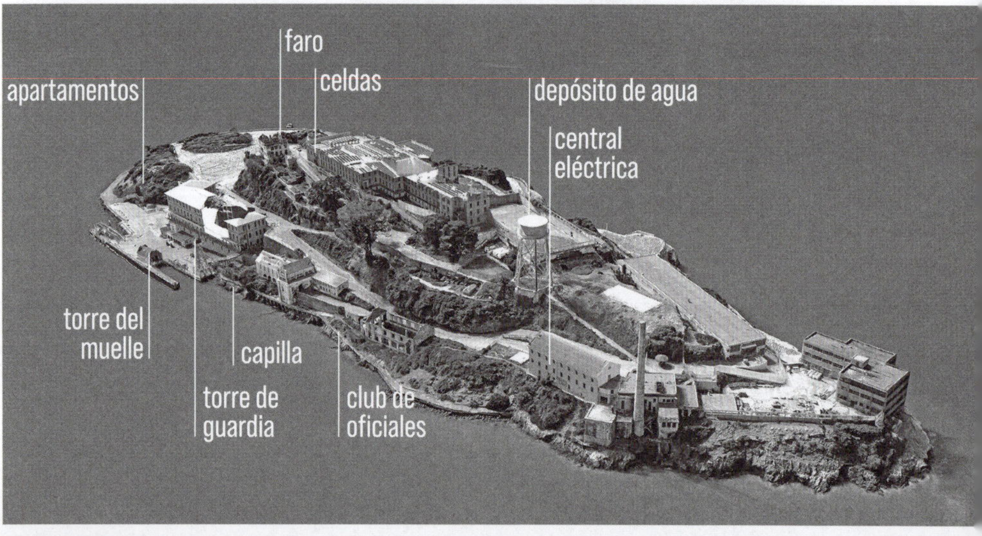

LAS CELDAS ○●●●

Cada cuadrado es una celda que puede estar ocupada o no. Los círculos son donde se ubican los guardianes de esta prisión de máxima seguridad. El número dentro del círculo (del 0 al 4) te indica cuántas celdas ocupadas lo rodean. Tu objetivo es marcar las celdas ocupadas sabiendo que todas las celdas vacías se comunican entre sí, es decir, que podrías ir de una a otra cualquiera de la prisión.

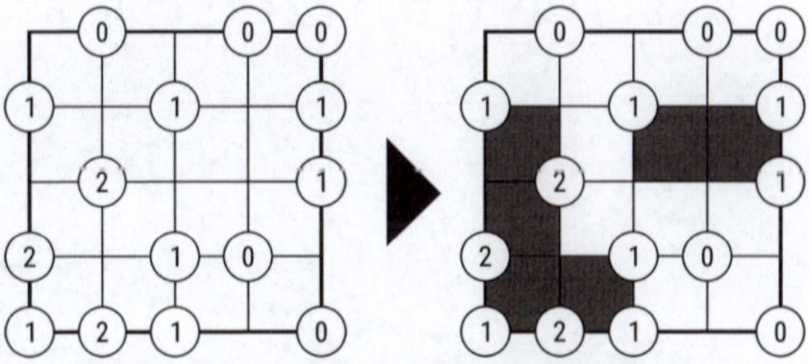

Aquí tienes un ejemplo resuelto para que entiendas mejor el pasatiempo.
En este caso hay 6 celdas ocupadas.

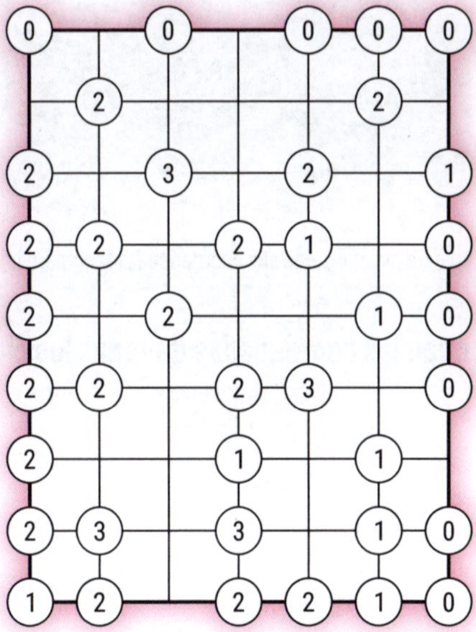

¿Cuántas celdas ocupadas tiene la prisión?

Decenas Unidades

EL PLANO

●●●●

Seguramente los que tratan de escapar de una prisión no tienen un plano para orientarse, pero en este caso has tenido suerte y abajo tienes el de la isla de Alcatraz, en la bahía de San Francisco, tal y como estaba a finales del siglo XIX, donde le hemos superpuesto una vista cenital de nuestro *seudrón*.

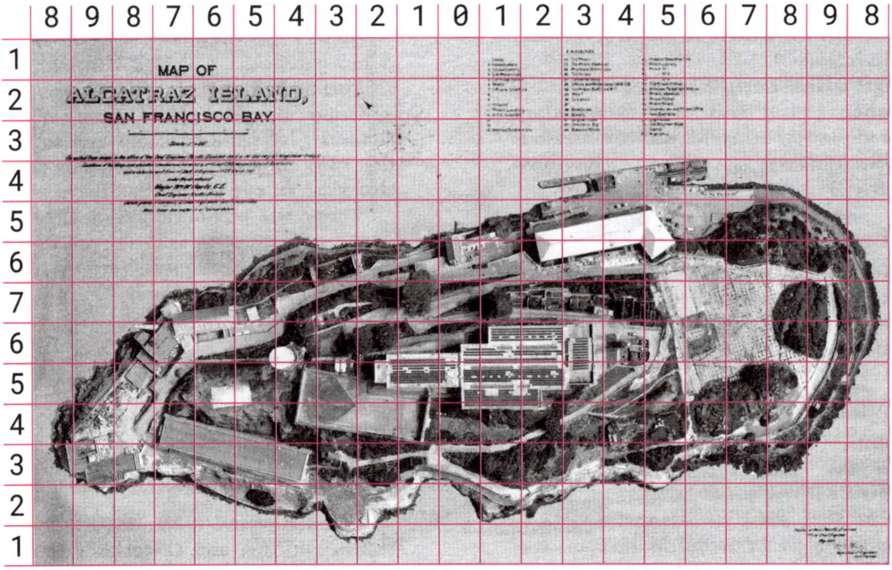

Localiza los elementos en este plano y suma sus coordenadas (el número horizontal + el vertical).

¿Cuánto suman las coordenadas de todos los elementos?

Decenas Unidades

LA CLAVE

La clave que hemos preparado para reconvertir Alcatraz en prisión segura debes componerla en el mismo orden en que aparecen las casillas coloreadas de las respuestas de cada apartado.

ENTRENO
#05

NONOGRAMA

○○●●

El objetivo es rellenar el número exacto de casillas necesarias para conseguir formar una imagen a base de píxeles (cuadrados negros). Para ello te damos como pista los números exteriores de cada fila y columna, que indican los bloques de casillas negras que contienen; estas pueden estar separadas por una o más casillas en blanco. Abajo tienes un ejemplo para entender mejor el pasatiempo.

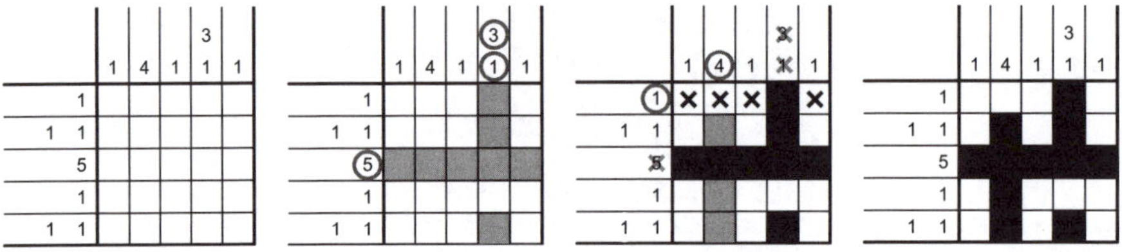

Columnas (de izquierda a derecha):

Columna	Pistas
1	13
2	3 4 4
3	3 4 4
4	14
5	15
6	3 3 7
7	4 3 4 6
8	7 2 2 5
9	1 3 2 2 2 4
10	1 3 1 4 1 4
11	1 3 1 4 1 4
12	1 3 2 2 2 4
13	7 2 2 5
14	4 3 4 6
15	3 3 7
16	14
17	1 9 3
18	3 7 3
19	3 12
20	1 13

Filas (de arriba abajo):

Fila	Pistas
1	8
2	3 3
3	3 3
4	10
5	6 4
6	2 1 8 2
7	8 8
8	7 4 4 1
9	1 3 2 2 6
10	5 2 2 2 5
11	5 1 4 1 5
12	5 1 4 1 5
13	5 2 2 2 5
14	1 3 2 2 6
15	1 4 4 7
16	1 5 4 2
17	16 2
18	20
19	20
20	18

CIENCIA NATURAL

Descubre el nombre vulgar y el científico del animal que aparece en la foto. Empieza escribiendo en el casillero rosa el nombre común y luego el científico en las casillas blancas. Si desconoces alguna de las soluciones, te echamos una mano con la pista de abajo: una frase en la que hemos sustituido algunas letras por números y los espacios por barras (/).

1 2 3 2

4 5 6

7 2 8 9 8 6

Pista: **L 5 6 / L 2 3 7 E 5 6 / 6 5 N / 6 8 Y 5 6**

¿Cómo se llama su pastor según la RAE?

ADIVINANZA

Una vaca va de lado y al final es solo pescado.

¿Qué es?

ANILLOS

Este pasatiempo funciona como un crucigrama normal, pero las casillas las hemos dispuesto para que parezcan anillos entrelazados.

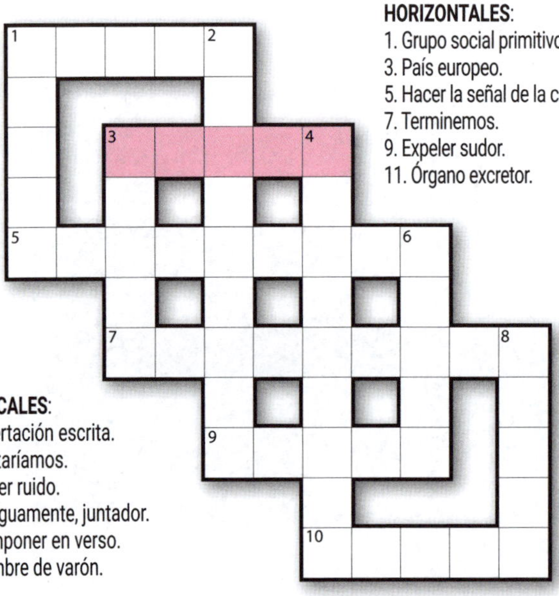

HORIZONTALES:

1. Grupo social primitivo de un mismo origen.
3. País europeo.
5. Hacer la señal de la cruz.
7. Terminemos.
9. Expeler sudor.
11. Órgano excretor.

VERTICALES:

1. Disertación escrita.
2. Juntaríamos.
3. Hacer ruido.
4. Antiguamente, juntador.
6. Componer en verso.
8. Nombre de varón.

¿Cuál es la capital del país coloreado?

PIRÁMIDE

Para hacer esta pirámide tienes que escribir palabras que tengan las mismas letras que la superior más una. Las definiciones son pistas que pueden serte muy útiles.

1. Río italiano muy crucigramista.
2. Estilo musical.
3. Buche.
4. Partes posteriores de la nave.
5. Golpe con la mano.
6. Ostentosa.

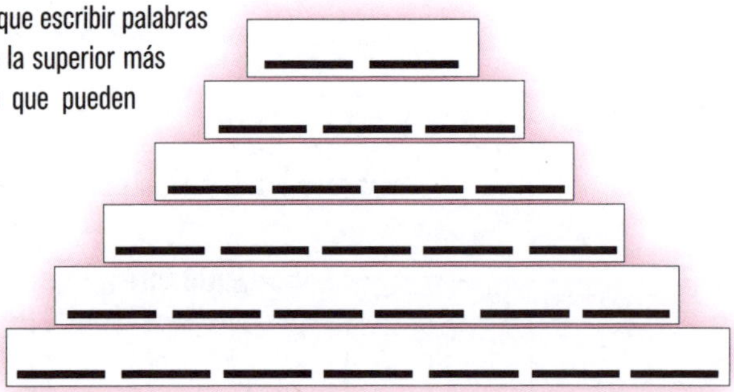

JEROGLÍFICOS

○●●●

Descifra estos cuatro jeroglíficos teniendo en cuenta la ayuda de la pista.

Pista: una (1) puede tener la parte de arriba de (3) y a su alrededor varias (2), desde las que puedes ver el (4) a través del (3).

¿Cuál es la palabra más larga de las cuatro?

DIAMANTES

○○●●

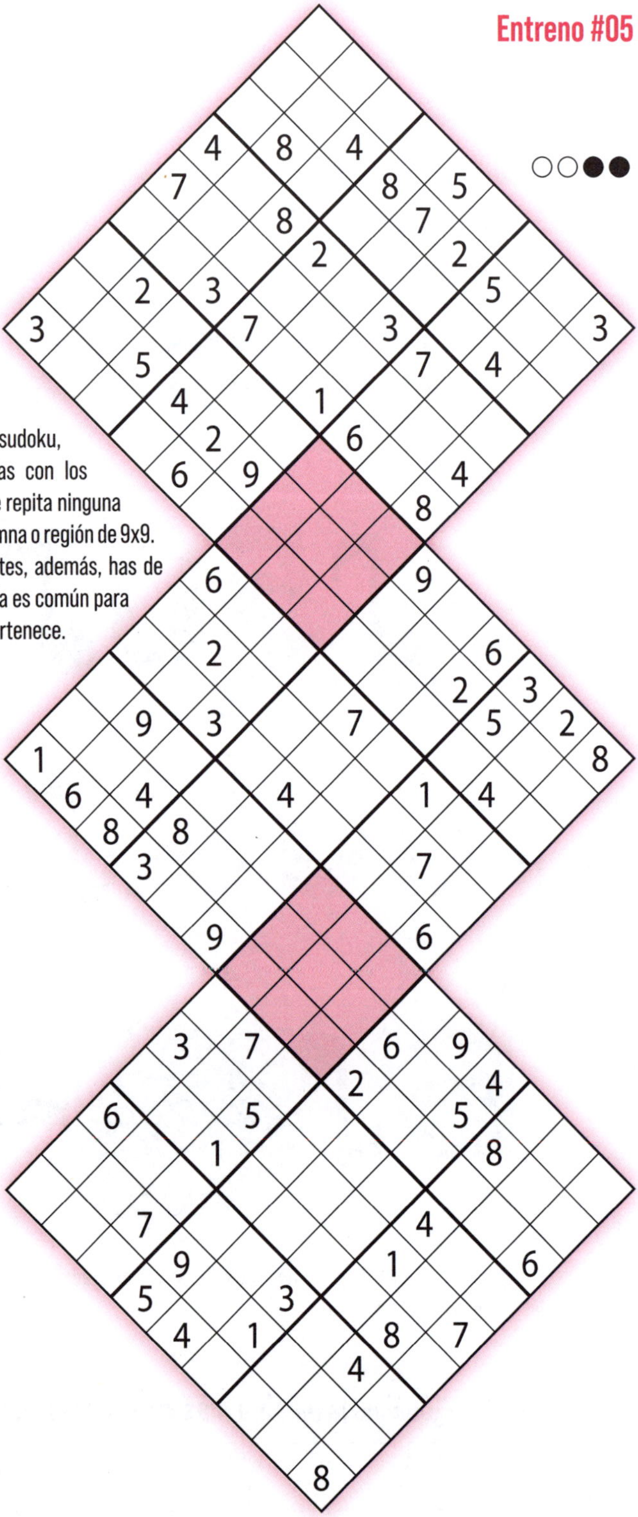

Para resolver cualquier sudoku, hay que rellenar las casillas con los números del 1 al 9 sin que se repita ninguna cifra en una misma fila, columna o región de 9x9. En el caso de estos diamantes, además, has de saber que la región coloreada es común para los dos sudokus a los que pertenece.

SOLUCIONES

Entreno #05

NONOGRAMA. La figura que se forma es una **CÁMARA DE FOTOS**.

CIENCIA NATURAL. VACA, ***Bos Taurus***. En la pista se lee: **Los lácteos son suyos**. Solución a la pregunta: **VAQUERO**.

ADIVINANZA. BACALAO.

ANILLOS. La capital de Suiza es **BERNA**.

PIRÁMIDE. 1: **PO**. 2: **POP**. 3: **PAPO**. 4: **POPAS**. 5: **SOPAPO**. 6: **POMPOSA**.

JEROGLÍFICOS.

1. **MESA**: M es (igual a) A).
2. **SILLA**: SI (nota musical); L (50 en números romanos); LA (nota musical).
3. **CRISTAL**: C (100 romanos); R; iS (nota Si al revés); T; aL (nota La al revés).
4. **BALCÓN**: B; aL (nota LA al revés); CON (cono sin la O final).

La pista quedaría así: una MESA puede tener la parte de arriba de CRISTAL y a su alrededor varias SILLAs, desde las que puedes ver el BALCÓN a través del CRISTAL. La palabra más larga es **CRISTAL**.

DIAMANTES. Ver la imagen.

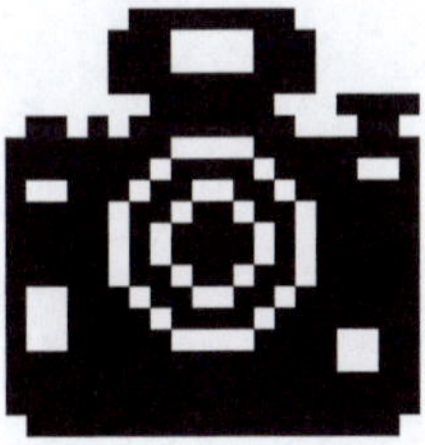

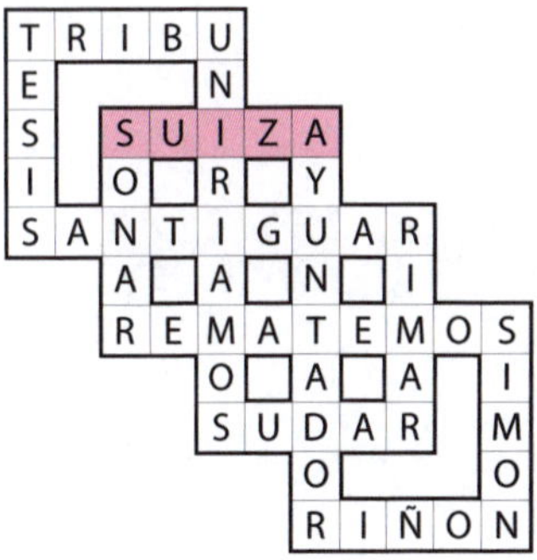

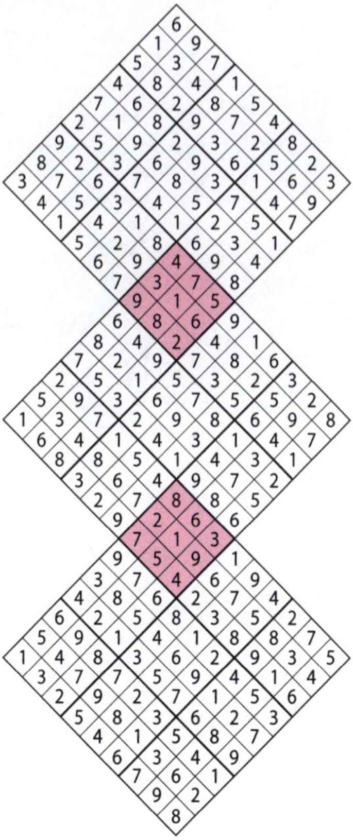

ESCAPE
#06

El estudio de MIGUEL

Quizá no te suene ningún Miguel relacionado con la adivinación, sin embargo hay uno muy famoso, quizá el más famoso de todos los tiempos, que fue y es un ídolo para nuestro protagonista. Sí, se trata de Michel de Nôtre-Dame, más conocido por su nombre en latín con el que ha pasado a la historia: **Nostradamus**, otro nivel en predicciones.

Nuestro Miguel, tocayo suyo al que nos referimos en este capítulo, tenía su estudio en un semisótano de Madrid, donde todo el ambiente le permite poner en contexto a los que van a pedirle ayuda, que son muchos. El problema es que uno de los últimos en visitarle fue un conocido mafioso calabrés que seguramente no quedó satisfecho con la interpretación que le hizo de su carta astral y por eso le ha amenazado de muerte.

Su única posibilidad de superivencia es desaparecer y seguir trabajando online, para lo que ha generado una clave de acceso a su página en la red que solo es posible saberla resolviendo los pasatiempos de este capítulo.

LA SOPA MALDITA

○○●●

En esta sopa de letras están 11 de los signos del Zodíaco, pero las letras se nos agitado un poco y el resultado ha sido que su dificultad ha aumentado enormemente. Comprueba que no nos equivocamos y encuentra los 11 signos que en ella aparecen.

¿Cuál es el signo del horóscopo que no está en la sopa?

Comienza a escribir por la primera casilla de la izquierda.
El número de casillas no es indicativo del número de letras de la solución.

EFEMÉRIDES ZODIACALES

○○●●

Casi todos los acontecimientos de la lista se relacionan, por su fecha, con un signo del Zodíaco.

1. Están muy enamorados.
2. Famosa fecha de Celtas Cortos.
3. La noche más larga.
4. ¿Quién paga el roscón?
5. Derriban el muro más famoso.
6. Cástor y Pólux tienen algo que ver.
7. Capitulación de Japón.
8. Rodrigo dice: "Tierra".
9. Atentado en varias estaciones.
10. Es Día de Acción de Gracias en 2024.
11. Mueren Miguel y William.
12. Caen las gemelas.

¿Cuánto suman cáncer y capricornio?

Decenas	Unidades

El número de casillas no es indicativo del resultado.

REVOLTIJO

○○○●

¿Cuál es el signo que falta en el revoltijo central?

El número de casillas no es indicativo del número de letras.

TAROT

Las cartas de tarot son las más utilizadas en técnicas de adivinación y abajo puedes ver todas ellas para hacerlas corresponder con los nombres de la lista, como una que ya te damos colocada. En total son 23, por lo que hay una repetida, la más poderosa, que no tendrás dificultad para localizar.

A. El Ahorcado
B. El Carro
C. El Diablo
D. El Emperador
E. El Ermitaño
F. El Hierofante
G. El Juicio
H. El Loco
I. El Mago
J. El Mundo
K. El Ojo de la Noche
L. El Sol
M. La Emperatriz
N. La Estrella
O. La Fuerza
P. ~~La Justicia~~
Q. La Luna
R. La Muerte
S. La Rueda de la Fortuna
T. La Sacerdotisa
U. La Templanza
V. La Torre
W. Los Enamorados

¿Cuánto suman las dos cartas repetidas + el Hierofante?

Decenas	Unidades

El número de casillas no es indicativo del número de dígitos.

LA CLAVE

Miguel necesita su clave con urgencia si quiere sobrevivir, por lo que será necesario descifrarla resolviendo pasatiempos y esperemos que los mafiosos no los resuelvan.

ENTRENO

#06

CRIPTOGRAMA

○○●●

A igualdad de número le corresponde la misma letra.

3	8		7	22	21	23	8	23	22
21	8		22	23	6	9	8	9	19
14	25		9	14	25	10	19	10	15
22		22	25		19	25	7	14	9
8	21		23	22	25	15	21	14	
23	22		7	14	10	14	15	21	14
10		3	14		2	22	20	14	21
	23	22		7	14	10	14	15	21
14	10		2	19	10	2	14	10	¿
24	6	22		3	19	5	21	14	
2	22	20	14	21		18	6	22	23
22		22	13	19	10	15	19	21	
24	6	22		22	3		3	19	5
21	14		23	22		3	8		17
6	2	8	25	19	23	8	23	?	

¿Cuál es el apellido de su autor?

El apellido de Mahatma, en la clave del criptograma, es: 11, 8, 25, 23, 17, 19.

PENTADOKU ○○●●

Para resolver estos cinco sudokus rellena las filas, columnas y regiones con una serie de números que viene determinada por el tamaño de su cuadrícula, sin que se repita ninguno. Empieza por los cuatro sudokus pequeños y, una vez resueltos, pasa los números asociados a los símbolos a sus casillas del sudoku central.

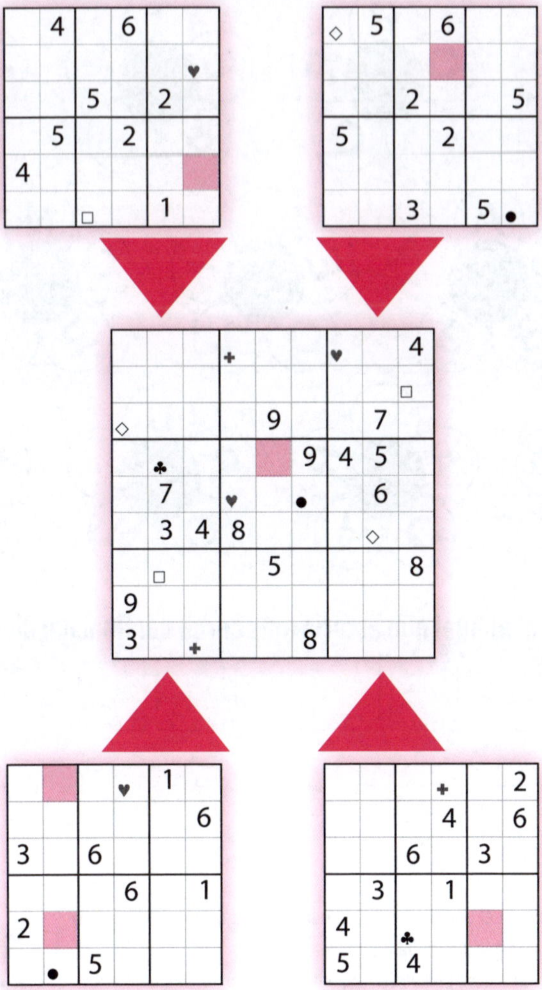

¿Cuánto suman los números de las casillas coloreadas?

El número de casillas no es indicativo del número de dígitos.

PENTÉBOLES

○○○●

Encuentra en estas flores 11 animales añadiendo la letra que falta.
Ten en cuenta que las palabras pueden formarse tanto en sentido horario como antihorario.

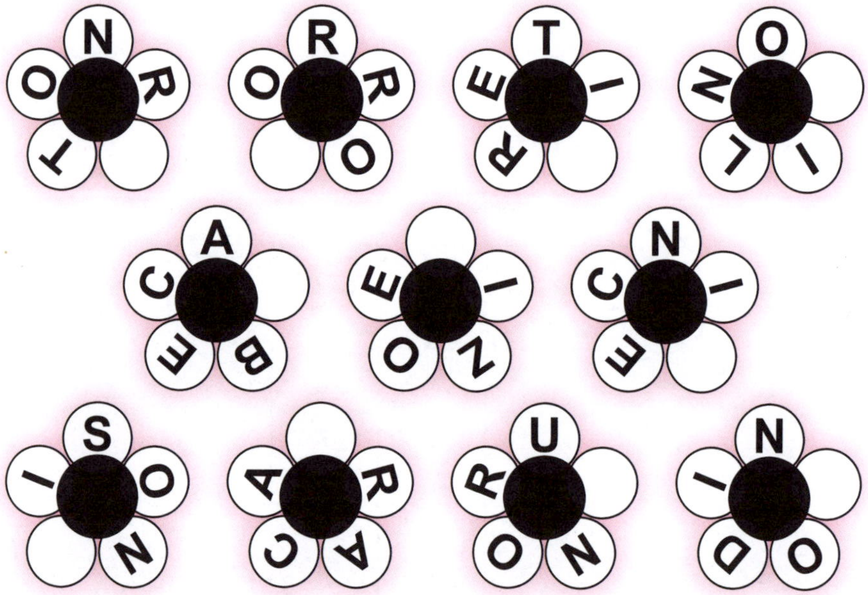

¿Cuál es el animal que estaría más cerca del final del diccionario?

☐☐☐☐☐

UN PROBLEMA

○○○●

Un hombre que vive en el décimo piso de un edificio coge todos los días el ascensor para bajar hasta la planta baja y se va a trabajar.

Cuando vuelve, sin embargo, pulsa el botón del quinto piso; y desde allí sube hasta su casa por las escaleras.

Si este hombre odia caminar...

¿por qué hace este ritual?

AUTOOCULTO

○○○●

Descubre la palabra cuyas letras hemos sustituido por puntos en su definición, lo que dificulta su lectura. Las letras que vayas deduciendo te permitirán ir teniendo una especie de anagrama de la palabra que buscas. Puede que haya letras de la palabra que no estén en la definición.

1

Ab·n·co de ··lm· en form· de ··l· · con m·ngo

□□□□□□□□

2

·nstr·ment· para ··rtar f·r-mad· p·r ·na ··ja de meta· de ·n ··rte s··· y ··n mang·

□□□□□□□□

3

Ví· púb·i··, h·bitu··m·nt· ·sf··t·d· o ·mp·dr·d·, ·ntr· ·difi·ios o so··r·s

□□□□□□□□

El número de casillas de las palabras no es indicativo del número de letras.

ANILLOS

○○●●

Este pasatiempo funciona como un crucigrama normal, pero las casillas las hemos dispuesto para que parezcan anillos entrelazados.

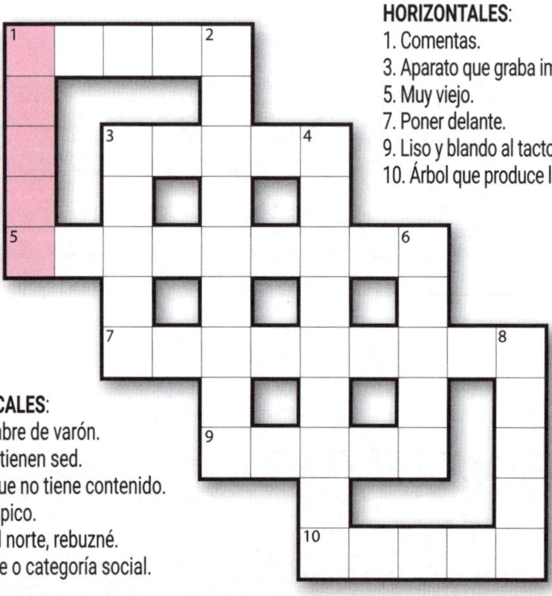

HORIZONTALES:
1. Comentas.
3. Aparato que graba imágenes.
5. Muy viejo.
7. Poner delante.
9. Liso y blando al tacto.
10. Árbol que produce las aceitunas.

VERTICALES:
1. Nombre de varón.
2. Que tienen sed.
3. La que no tiene contenido.
4. Olímpico.
6. En el norte, rebuzné.
8. Clase o categoría social.

¿Con qué arma asociarías la palabra coloreada?

SABÍAS QUE...?

El fenómeno que hace que un organismo cambie su conducta, como resultado de la experiencia, se denomina **aprendizaje**. Este ocurre a nivel celular, es decir: entre neuronas que ***hablan*** entre sí. Una determinada conducta y experiencia hace que las conexiones entre un grupo específico de células se refuerce. Así se consolida lo vivido.

Existe un fenómeno de aprendizaje muy curioso llamado ***impronta***, que fue acuñado por **Konrad Lorenz**. En las aves, por ejemplo, la impronta surge justo después del nacimiento, y hace que los polluelos consideren como su madre al primer sujeto que pasa por delante de su pico y automáticamente lo siguen a todas partes. Así, no era extraño ver en las praderas del Instituto Max Planck, donde trabajaba Lorenz, a una fila de gansos detrás del etólogo austríaco.

SOLUCIONES

Entreno #06

CRIPTOGRAMA. Según la correspondencia de letras a números de la lista, la frase es: *La verdadera educación consiste en invocar dentro de vosotros lo mejor de vosotros mismos. ¿Qué libro mejor puede existir que el libro de la humanidad?*, cuyo autor es **MAHATMA** **GANDHI**.

PENTADOKU. La suma de los dígitos de las casillas coloreadas es **29**.

PENTÉBOLES. La lista de animales es la siguiente: RATÓN, **ZORRO**, TIGRE, LIRÓN, CEBRA, ERIZO, LINCE, VISÓN, CABRA, HURÓN, DINGO.

UN PROBLEMA. El hombre sufre acondropasia que no alcanza a pulsar más allá del quinto piso.

AUTOCULTO. Las definiciones completas y las palabras definidas son:

1. Abanico de palma en forma de pala y con mango: **PAIPAY**.
2. Instrumento para cortar formado por una hoja de metal de un corte solo y con mango: **CUCHILLO**.
3. Vía pública, habitualmente asfaltada o empedrada, entre edificios o solares: **CALLE**.

ANILLOS. El arma es una **HONDA**, con la que David derribó a Goliat.

3	4	2	6	5	1
5	2	4	1	6	3
6	1	5	3	2	4
1	5	3	2	4	6
4	6	1	5	3	2
2	3	6	4	1	5

1	5	4	6	2	3
2	3	1	5	4	6
4	6	2	3	1	5
5	4	6	2	3	1
3	1	5	4	6	2
6	2	3	1	5	4

2	9	6	5	7	1	3	8	4
7	5	3	4	8	2	1	9	6
1	4	8	6	9	3	2	7	5
8	2	1	7	6	9	4	5	3
5	7	9	3	1	4	8	6	2
6	3	4	8	2	5	7	1	9
4	6	2	1	5	7	9	3	8
9	8	7	2	3	6	5	4	1
3	1	5	9	4	8	6	2	7

6	5	2	3	1	4
4	2	1	5	3	6
3	1	6	4	5	2
5	3	4	6	2	1
2	6	3	1	4	5
1	4	5	2	6	3

3	6	1	5	4	2
2	5	3	4	1	6
1	4	6	2	3	5
6	3	5	1	2	4
4	1	2	6	5	3
5	2	4	3	6	1

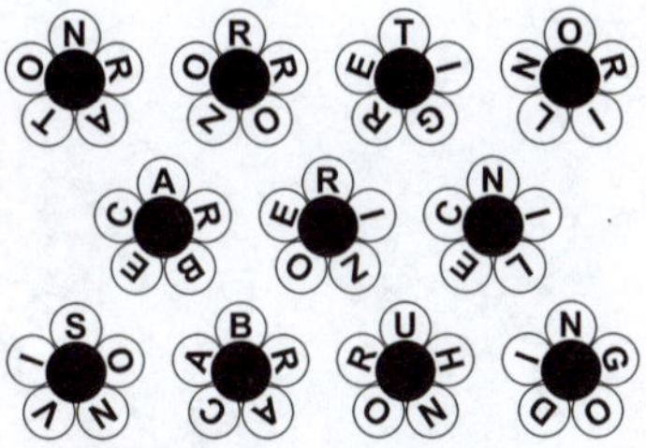

1=K	14=O
2=M	15=T
3=L	16=Y
4=W	17=H
5=B	18=P
6=U	19=I
7=V	20=J
8=A	21=R
9=C	22=E
10=S	23=D
11=G	24=Q
12=Z	25=N
13=X	26=F

ESCAPE
#07

En el MUSEO

Sin duda, uno de los lugares que requiere más protección es un museo, porque los amigos de lo ajeno pueden estar atentos a cualquier descuido. Antiguamente, la cosa era mucho más familiar sin duda, sobre todo cuando recuerdas que un actor como Tony Leblanc nació en el Museo del Prado, en la Sala de Tapices, según él mismo solia decir, donde su padre, don Ignacio, era vigilante nocturno. Cuando doña María, la madre del actor, se puso de parto, no creo que las puertas de una de las mejores pinacotecas del mundo tuviera unas especiales medidas de seguridad para impedir que algún sanitario pudiera hacer su labor de ayuda a la parturienta.

Pero en este momento no es el caso, y si quieres entrar a ver el lugar del nacimiento, tendrás que descubrir la clave de la cerradura digital que hemos preparado para ti. Tampoco es para que cualquiera vaya a cotillear, pero sin duda tu habilidad se vería recompensada con esa curiosidad.

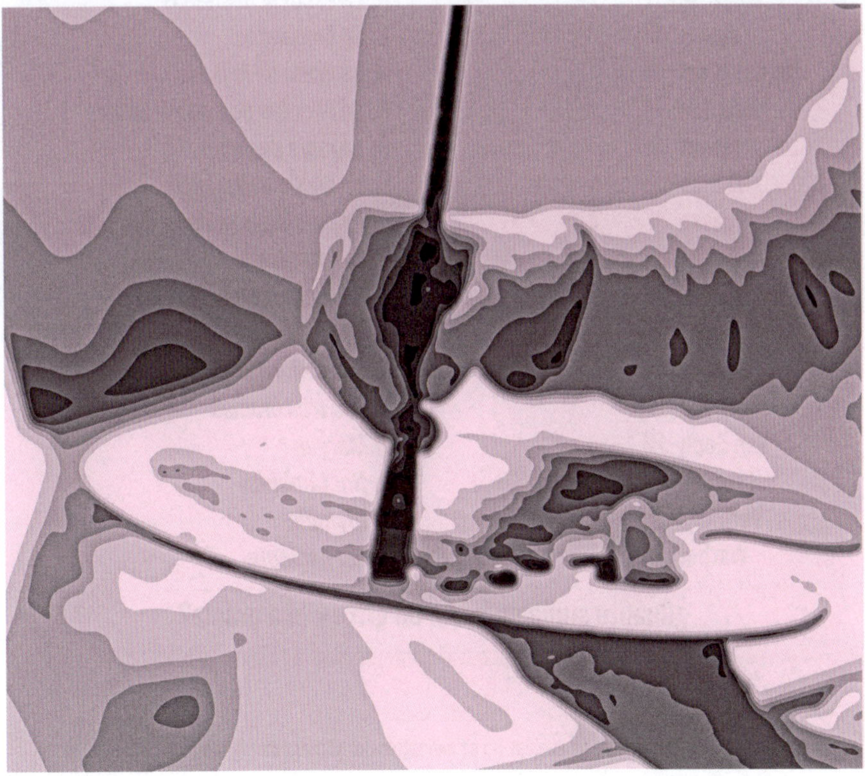

CORRESPONDENCIA

○○●●

En la lista de la izquierda tienes 26 de los mejores pintores de todos los tiempos mientras que la lista de la derecha incluye una obra de cada uno de ellos.

PINTOR		OBRA
Botticelli	01	A. *Almuerzo de remeros*
Dalí	02	B. *Capilla Sixtina*
Delacroix	03	C. *Composición en rojo, amarillo y azul*
El Bosco	04	D. *Diego y yo*
El Greco	05	E. *El beso*
Goya	06	F. *El caballero de la mano en el pecho*
Hopper	07	G. *El grito*
Kahlo	08	H. *El hijo del hombre*
Klimt	09	I. *El jardín de las delicias*
Leonardo	10	J. *El matrimonio Arnolfini*
Magritte	11	K. *La escuela de Atenas*
Manet	12	L. *La Gioconda*
Miguel Ángel	13	M. *La joven de la perla*
Mondrian	14	N. *La libertad guiando al pueblo*
Monet	15	O. *La maja desnuda*
Munch	16	P. *La noche estrellada*
Picasso	17	Q. *La persistencia de la memoria*
Rafael	18	R. *La primavera*
Rembrandt	19	S. *La ronda de noche*
Renoir	20	T. *Las meninas*
Rubens	21	U. *Las señoritas de Avignon*
Van Eyck	22	V. *Las tres Gracias*
Van Gogh	23	W. *Marylin*
Velázquez	24	X. *Noctámbulos*
Vermeer	25	Y. *Olympia*
Warhol	26	Z. *Sol naciente*

(01 → R)

¿Cuánto suma un beso, un grito y una gracia?

El número de casillas no es indicativo del número de dígitos.

TATAMI

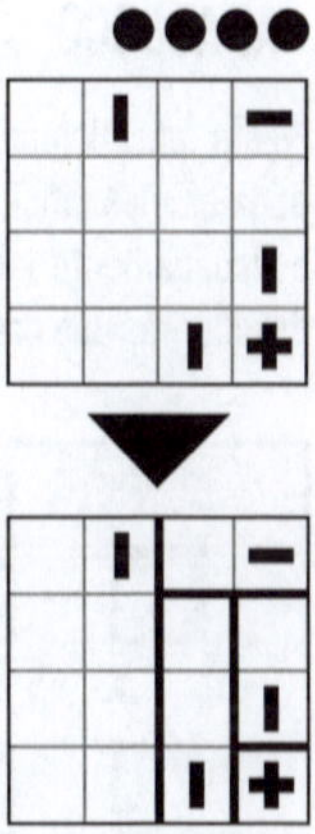

Un ejemplo resuelto para entender mejor el pasatiempo.

El objetivo es dividir cada tatami en regiones cuadradas (cruces) o rectangulares (líneas), a modo de labor de *patchwork*, teniendo en cuenta las siguientes reglas:

- Cada región debe contener una celda con un símbolo.
- Una región con una cruz debe ser cuadrada.
- Una región con una barra horizontal debe ser más ancha que alta.
- Una región que contiene una barra vertical debe ser más alta que ancha.
- En un punto de la cuadrícula no deben coincidir 4 bordes de región.

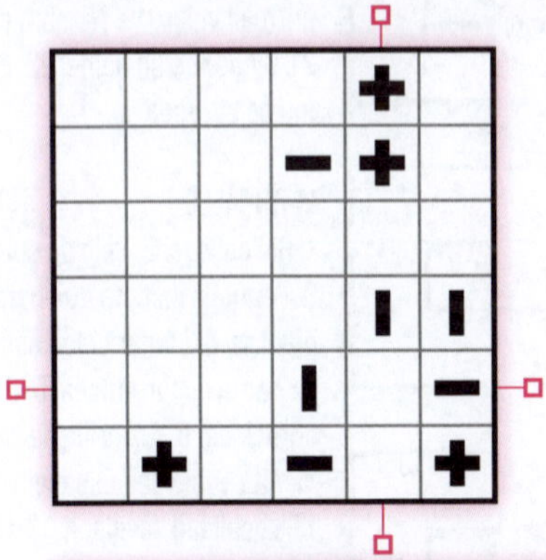

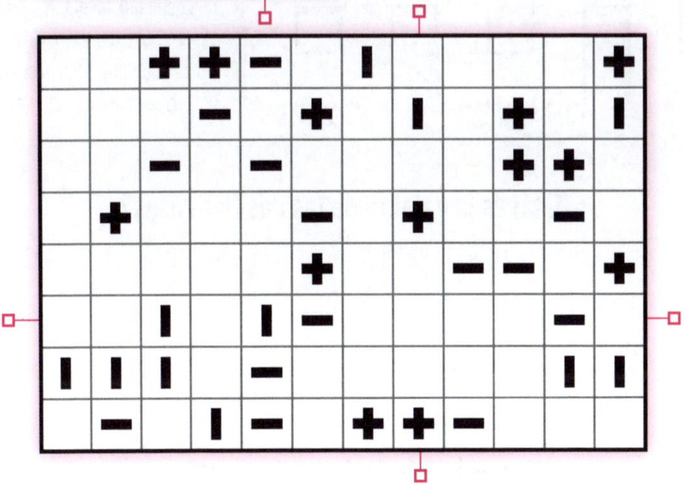

¿Cuántas regiones atraviesan las cuatro líneas?

ARABESCO

Este pasatiempo funciona como un crucigrama, aunque sin duda es más difícil al tener menos cruces de palabras. Ordenando adecuadamente las letras que pongas en las casillas coloreadas descubrirás una palabra muy relacionada con el arte.

HORIZONTALES:

1. Monja. 3. Estilo musical.
5. Onomatopeya de un golpe. 7. Parte de la oreja donde se colocan los pendientes. 8. Mujer de Papúa Nueva Guinea. 9. Pedazo. 10. Abrigo con capucha. 14. Oriunda, originaria. 16. Lengua de la culebra. 18. Cárcel entre el vulgo. 19. Nombre de varón. 21. Diente de un peine. 22. Primera mujer. 23. Todavía.

VERTICALES:

1. Río gallego. 2. Pelo de color oro. 3. Pequeño insecto que parasita las plantas. 4. Comer coloquialmente. 5. Planta cucurbitácea. 6. Poco agraciada. 9. Adverbio de cantidad. 11. Alta Velocidad Española. 12. Localidad sevillana. 13. Remedio casero. 15. Excursión, ruta. 17. Parte del calzado que toca el suelo. 18. Arriba en inglés. 20. Impar.

¿Cuál es la palabra de las casillas rosas?

LA CLAVE

Si la historia de Tony se fuera a repetir, los guardias de seguridad del museo deberían introducir la clave para que los sanitarios pudieran entrar a atender a doña María.

ENTRENO
#07

ANTÓNIMOS ○○○●

Según la RAE, esta es la definición de antónimo:

Dicho de una palabra: Que, respecto de otra, expresa una idea opuesta o contraria.

Abajo tienes una lista de 6 palabras y a la derecha sus antónimos, que debes descubrir.

LABORIOSO	_ Á _ _ A _ O
FACILIDAD	_ I _ I _ U _ _ A _
EVENTUAL	_ E _ _ A _ E _ _ E
CONSTRUIR	_ E _ _ U _ _ A _
COINCIDENCIA	_ I _ E _ _ E _ _ I A
RÍGIDO	_ O _ _ E A _ _ E

ANAGRAMAS REFRANEROS ○○○●

En estos refranes hemos quitado la misma palabra, cuyas letras hemos sustituido por asteriscos. El resto de las palabras las hemos convertido en sus anagramas, es decir, que hemos ordenado sus letras alfabéticamente.

AL ANP, ANP Y AL INOV, INOV

ADEN OY ACEEILNT Y AEÍRS ** EEGNT

** AACCEIINP ES ** ADEMR DE ** ACCEIIN

¿Cuál es la palabra que forman los asteriscos?

☐☐

DEFINICIONES CULINARIAS ○●●●

Tu objetivo es hacer corresponder las palabras de la columna de la izquierda, todas ellas relacionadas con la cocina, con sus definiciones de la RAE, en la columna de la derecha.

PALABRAS

A **ALCUZA**
B **BOL**
C **COCOCHA**
D **ESCUDILLA** → 07
E **JALEA**
F **MAICENA**
G **OSOBUCO**
H **SOASAR**
I **TAMIZ**
J **VOLOVÁN**
K **ZARAJO**
L **ZARANGOLLO**
M **ABOCADO**
N **AGUJA**
O **ÁSPIC**
P **AVIAR**
Q **CHAIRA**
R **COMANDA**
S **COULIS**
T **NAPAR**
U **PANACHÉ**
V **POCHAR**
X **UNTO**
Y **ZANCARRÓN**

Te damos una identificada como pista.

DEFINICIONES

01. Harina fina de maíz.
02. Conserva transparente, hecha del zumo de algunas frutas.
03. Estofado de carne de vacuno, cortada del jarrete, con el hueso y su caña incluidos.
04. Cada una de las protuberancias carnosas que existen en la parte baja de la cabeza de la merluza y del bacalao.
05. Vasija de hojalata o de otros materiales, generalmente de forma cónica, en que se guarda el aceite para diversos usos.
06. Trenzado de tripas de cordero, típico de Cuenca, asado al horno y que se conserva colgado al humo como los chorizos.
07. Vasija ancha y de forma de una media esfera, que se usa comúnmente para servir en ella la sopa y el caldo.
08. Pastelillo de masa de hojaldre, hueco y redondeado, que se rellena con ingredientes de muy diversos tipos.
09. En Murcia, fritada de calabaza, cebolla y tomate, a los que suelen añadirse otros ingredientes.
10. Tazón sin asa, cuenco.
11. Medio asar o asar ligeramente algo.
12. Cedazo muy tupido.
13. Aderezar la comida.
14. Cubrir una preparación culinaria con una salsa o crema.
15. Picor y acidez que tienen algunos vinos y algunas bebidas carbónicas.
16. Plato frío, especialmente de carne o pescado, que se presenta cubierto de gelatina en un molde.
17. Pedido que se hace al camarero en un restaurante.
18. Puré o crema de frutas crudas que se emplea para acompañar un postre.
19. Plato preparado con diversas verduras cocidas.
20. Crasitud o gordura interior del cuerpo del animal.
21. Freír a fuego lento un alimento.
22. Pieza de carne de una res con su hueso, procedente de la parte alta y carnosa de la pata.
23. Cilindro de acero que usan los carniceros y otros oficiales para afilar sus cuchillas.
24. Dicho del vino, especialmente de una clase de jerez: que contiene mezcla de vino seco y dulce.

SIN SIGNOS

○○○●

El texto inferior es un fragmento del libro de Gabriel, en el que hemos quitado los espacios y signos de puntuación, para que los pongas tú y así cobre sentido la lectura. No te decimos el número de espacios, pero sí que hay tres comas (,), un punto y seguido (.) y el punto final.

muchosañosdespuésfrentealpelotóndefusilamientoelco
roneloaurelianobuendíahabíaderecordaraquellatardere
motaenquesupadrelollevóaconocerelhielomacondoe
raentoncesunaaldeadeveintecasasdebarroycañabrava
construidasalaorilladeunríodeaguasdiáfanasquesepre
cipitabanporunlechodepiedraspulidasblancasyenormes
comohuevosprehistóricos.

Comienzo de *Cien años de soledad*,
de Gabriel García Márquez

¿Cuántas palabras hay en el texto?

¿Cuál es la palabra más larga?

IDEOGRAMA

○○○●

Combina adecuadamente las letras del interior del ideograma para deducir una palabra relacionada con la silueta sobre la que se encuentra.

¿Cuál es la palabra?

POESÍA (I)

Lee atentamente este fragmento de ***La venganza de Don Mendo*** de **Pedro Muñoz Seca**, y pon a prueba tu capacidad de captar y retener todo lo que lees. Después intenta responder al máximo de preguntas de la página siguiente, evidentemente sin volver a esta página.

¡Serena
escúchame, Magdalena,
porque no fui yo... no fui!
Fue el maldito cariñena
que se apoderó de mí.
Entre un vaso y otro vaso
el barón las cartas dio;
yo vi un cinco y dije "Paso",
el marqués creyó otro el caso,
pidió carta... y se pasó.
El barón dijo "Plantado";
el corazón me dio un brinco;
descubrió el naipe tapado,
y era un seis, el mío era un cinco;
el barón había ganado.

Otra y otra vez jugué,
pero nada conseguí;
quince veces me pasé,
y una vez que me planté,
volví mi naipe... y perdí.
Ya mi peculio en un brete,
al fin me da Vedia un siete;
le pido naipe al de Vedia
y Vedia pone una media
sobre el mugriento tapete.
Mas otro siete él tenía
y también naipe pidió...,
y negra suerte la mía,
que siete y media cantó
y me ganó en la porfía...
Mil dineros se llevó,
¡por vida de Satanás!
Y más tarde... ¡qué se yo!,
de boquilla se jugó,
y me ganó diez mil más.

¿Cuál es el nombre del juego descrito en la poesía?

POESÍA (II)

○●●●

Escribe en cada casilla la respuesta. Si no eres capaz de responder a todas las preguntas, vuelve al texto, léelo de nuevo y vuelve aquí a intentar responder al resto de las preguntas.

1. ¿Cómo se llama la mujer?
2. ¿Cuál era la denominación de origen del vino?
3. ¿Cuál era el nombre del que reparte las cartas?
4. ¿Qué dijo el barón?
5. ¿Cuál era el valor del naipe tapado del barón?
6. ¿Qué le dio un brinco al jugador?
7. ¿Qué número es el objetivo del juego?
8. ¿Qué era mugriento?
9. ¿Cuál es el número que se cita al final?

JEROGLÍFICO

●●●●

Este jeroglífico es lo que deberías mandar cuando alguien te agradece algo.

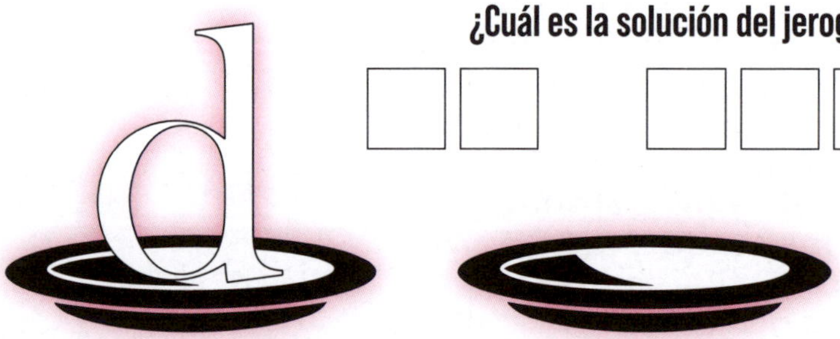

¿Cuál es la solución del jeroglífico?

SOLUCIONES

Entreno #07

ANTÓNIMOS. Estos son los antónimos buscados: ZÁNGANO, DIFICULTAD, PERMANENTE, DERRUMBAR, DIVERGENCIA, MOLDEABLE.

ANAGRAMAS REFRANEROS. La palabra de los asteriscos es **LA** y estos son los tres refranes:

Al pan, pan y al vino, vino.
Ande yo caliente y ríase la gente.
La paciencia es la madre de la ciencia.

DEFINICIONES. La correspondencia de palabras a definciones es la que puedes ver abajo.

SIN SIGNOS. El texto tiene **65** palabras, y dice así: ***Muchos años después, frente al pelotón de fusilamiento, el coronel Aureliano Buendía había de recordar aquella tarde remota en que su padre lo llevó a conocer el hielo. Macondo era entonces una aldea de veinte casas de barro y cañabrava construidas a la orilla de un río de aguas diáfanas que se precipitaban por un lecho de piedras pulidas, blancas y enormes como huevos prehistóricos***. La palabra más larga es **PREHISTÓRICOS**.

IDEOGRAMA. La solución es **FLAMENCO**.

POESÍA. El juego que se describe es las **SIETE Y MEDIA**, que en la misma obra lo describe don Mendo así: ***y un juego vil que no hay que jugarlo a ciegas, pues juegas cien veces, mil, y de las mil, ves febril que o te pasas o no llegas. Y el no llegar da dolor, pues indica que mal tasas y eres del otro deudor. Mas ¡ay de ti si te pasas! ¡Si te pasas es peor!***
Las respuestas a las preguntas son: 1: MAGDALENA, 2: CARIÑENA, 3: VEDIA, 4: PLANTADO, 5: SEIS, 6: CORAZÓN, 7: SIETE Y MEDIA, 8: TAPETE, 9: DIEZ MIL.

JEROGLÍFICO. La solución es **DE NADA**: de (letra D en el plato de la izquierda); nada (el plato vacío).

01. MAICENA	13. AVIAR
02. JALEA	14. NAPAR
03. OSOBUCO	15. AGUJA
04. COCOCHA	16. ÁSPIC
05. ALCUZA	17. COMANDA
06. ZARAJO	18. COULIS
07. ESCUDILLA	19. PANACHÉ
08. VOLOVÁN	20. UNTO
09. ZARANGOLLO	21. POCHAR
10. BOL	22. ZANCARRÓN
11. SOASAR	23. CHAIRA
12. TAMIZ	24. ABOCADO

ESCAPE

#08

En el IC

Hay en Madrid una curiosa y auténtica caja fuerte en cuyo interior se encuentran numerosas cajas de seguridad, cada una con su número y una placa dorada donde figura el nombre de personajes famosos relacionados con las letras. Cada una de estas cajas tiene el legado que el personaje dejó para ser abierto en una fecha concreta, aunque el contenido de algunas, identificadas como "In memoriam", fue depositado en fecha posterior a la inauguración de la **Caja de las Letras**, la antigua caja del Banco Central, sede en la actualidad del Instituto Cervantes (IC).

Nos hemos propuesto descubrir la clave de apertura de la gran puerta circular de acceso a la original habitación y para ello vamos a establecer una combinación con los números de algunas de sus cajas de seguridad, jugando con sus autores y sus legados a lo largo del capítulo.

Conviértete en un auténtico investigador y descubre al final nuestra combinación imaginaria.

ANAGRAMA 1

El anagrama se corresponde con uno de los personajes que tiene su caja de seguridad dentro de la Caja de las Letras, del Instituto Cervantes. Coloca adecuadamente las letras del nombre y del apellido para descubrir de quién se trata.

AAIMR EILMNOR

¿Cuál es el apellido de la filóloga?

SUDOKU

El objetivo del sudoku es rellenar sus casillas con números del 1 al 9 de tal forma que no se repita ninguno en una misma columna, fila o región de 9x9. Una vez que lo completes podrás visualizar el número de la caja del personaje en la casillas coloreadas.

			2	3		4		
		5						9
	1			7		2	8	5
					1		5	2
	8					1		
2			4					6
				9				
					7		4	
		3	1			5	9	

¿Cuál es el número de la caja?

ANAGRAMA 2

○○○●

El anagrama se corresponde con uno de los personajes que tiene su caja de seguridad dentro de la Caja de las Letras del Instituto Cervantes. Coloca adecuadamente las letras del nombre y apellidos para descubrir de quién se trata.

AINNOOT BEORU AEJLLOV

¿Cuál es el segundo apellido del escritor?

HIDATO

○○●●

El objetivo es llenar toda la cuadrícula con números consecutivos, conectados horizontal, vertical o diagonalmente, formando un camino desde el 1 hasta el 64, para descubrir un número formado en las casillas coloreadas.

	30	34	35	27		38	40
31							
	47	46	52			25	23
49				53		22	
8							21
		14	5		3		
							57
12		62	63	(64)	59		(1)

4			7
(16)	5		
	14		(1)
13			10

▼

4	3	6	7
(16)	5	2	8
15	14	9	(1)
13	12	11	10

Un ejemplo resuelto para entender mejor el pasatiempo.

¿Cuál es el número de la caja?

ANAGRAMA 3

○○○●

El anagrama se corresponde con uno de los personajes que tiene su caja de seguridad dentro de la Caja de las Letras del Instituto Cervantes. Coloca adecuadamente las letras del nombre y apellidos para descubrir de quién se trata.

AELMNU AADEELNRX

¿Cuál es el nombre de pila del personaje?

KENKEN

○●●●

El objetivo es rellenar la cuadrícula con los números de manera que no se repitan en la misma fila y columna. El número que se ve en cada bloque es el resultado de una operación aritmética con los números de ese bloque, que pueden repetirse.

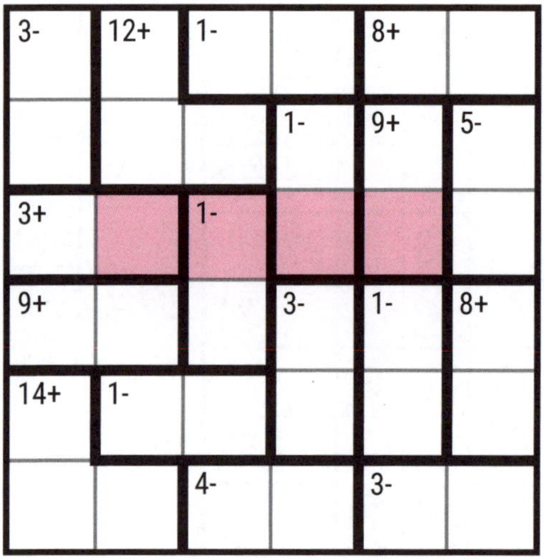

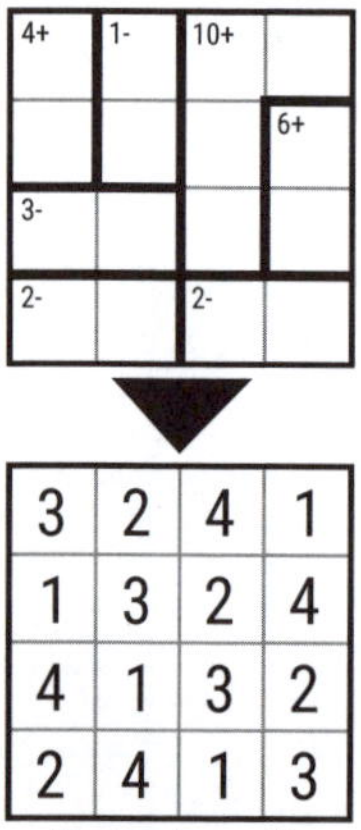

Un ejemplo resuelto para entender mejor el pasatiempo.

¿Cuál es el número de la caja?

ANAGRAMA 4

El anagrama se corresponde con uno de los personajes que tiene su caja de seguridad dentro de la Caja de las Letras del Instituto Cervantes. Coloca adecuadamente las letras del nombre y apellidos para descubrir de quién se trata.

AELMNU DE AAFLL

¿Cuál es el apellido del personaje?

KAKURO

El objetivo es rellenar las casillas libres con números del 1 al 9.
La suma de cada bloque horizontal de cuadrados en blanco tiene que ser igual al número blanco de su izquierda, mientras que la suma de cada bloque vertical tiene que ser igual al número blanco de arriba. No debe haber números repetidos en un mismo bloque y su solución es única.
En las casillas coloreadas se descubre un número al leer las sucesivas filas.

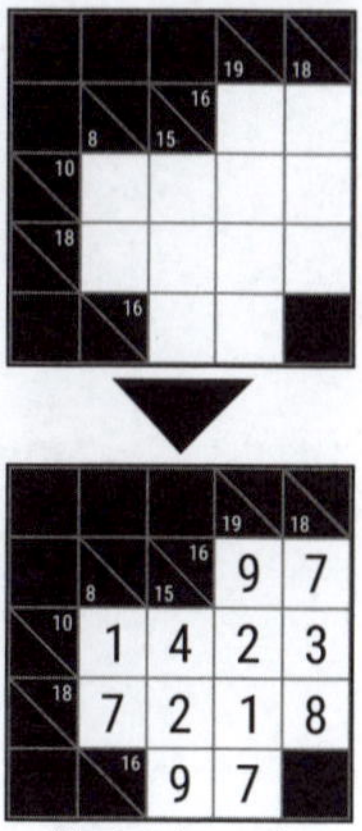

Un ejemplo resuelto para entender mejor el pasatiempo.

¿Cuál es el número de la caja?

CONCLUSIÓN

○○○●

Esperamos que hayas descubierto cuáles son los 4 personajes y sus números de caja, porque ahora vas a tener que identificar y hacer corresponder su imagen para descifrar la combinación de la gran puerta circular de acceso a la Caja de las Letras.

¿Cuál es el resultado de A-B-C+D?

LA CLAVE

La clave de los pasatiempos se forma con los números y letras marcados en las casillas rosas. Y esa clave es precisamente nuestra propuesta de apertura de la gran puerta circular de acceso a la Caja de las Letras.

ENTRENO

#08

ADIVINANZA

○○●●

Una nueva adivinanza escondida en un QR. Si intentas interpretarlo con el móvil verás que no funciona porque primero tienes que hacerlo útil rellenando las partes grises con un bolígrafo o rotulador.

Solución a la adivinanza.

UN PROBLEMA

○○○●

La mitad de la descendencia de mi abuelo es del sexo masculino.

¿Cómo es posible si mi abuelo tuvo 7 hijos?

LA ESCALERA

○○●●

En cada casilla de esta escalera tienes que escribir una palabra que contiene, aunque en orden diferente, las mismas letras que la palabra anterior, a excepción de una. Al lado tienes las definiciones.

Que muestra resistencia a hacer algo	REACIO
Hipótesis	
Cama sobre cama	
Línea de la piel en los embarazos	
Colocar en un sitio	
Agua de poca claridad	
Zona de sombras	
Provincia mediterránea	
Hacerse cargo	
Medida	
Producir humo	
Impregnada de agua	
Rastrea con el olfato	
Conjunto de burbujas	
La hacen las gallinas y el sol	
Animales acuáticos	
Trabajo para la universidad	
Que no está dura	
Utilizar los sentidos	
Orden monástica	CÍSTER

BALANZAS

○○●●

Coloca los números en los lugares adecuados de la balanza para que el conjunto quede equilibrado. En el ejemplo puedes ver cómo se equilibra el peso 2 con el 4 poniendo el primero al doble de distancia del punto del que cuelga la balanza.

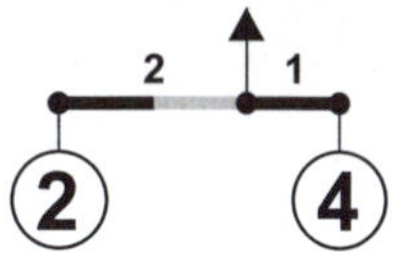

Ejemplo

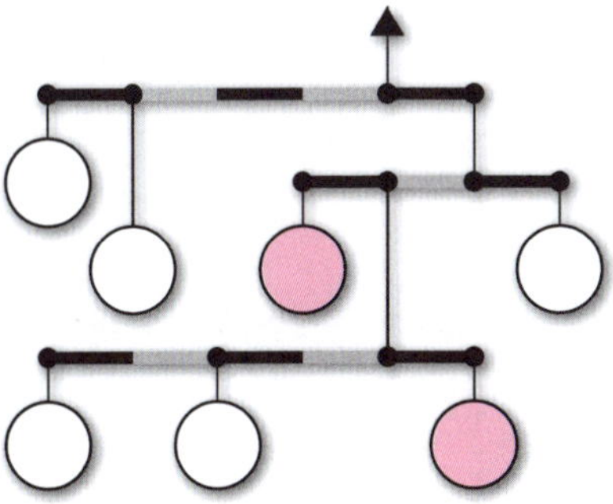

1 5

2 8

3 17

4

¿Cuánto suman los pesos coloreados?

MACROS

○○●●

1

¿Sabes qué objetos son los que se ven parcialmente en estas fotos?

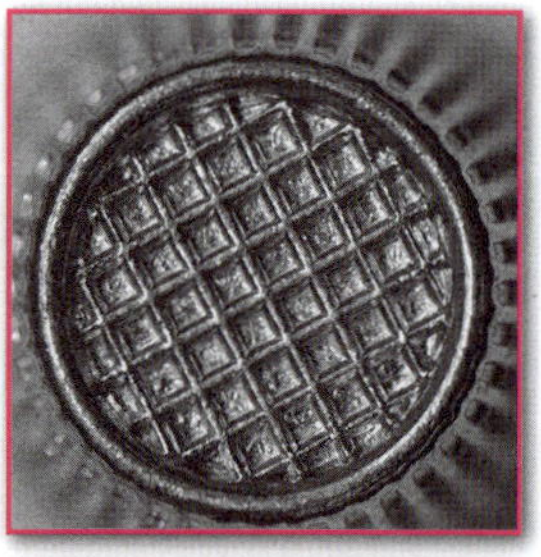

2

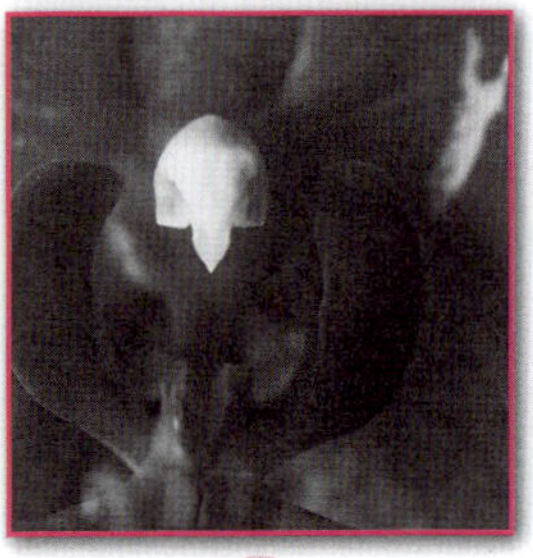

3

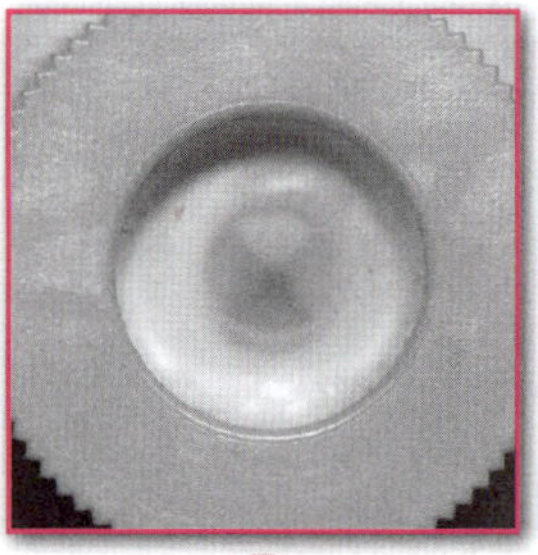

4

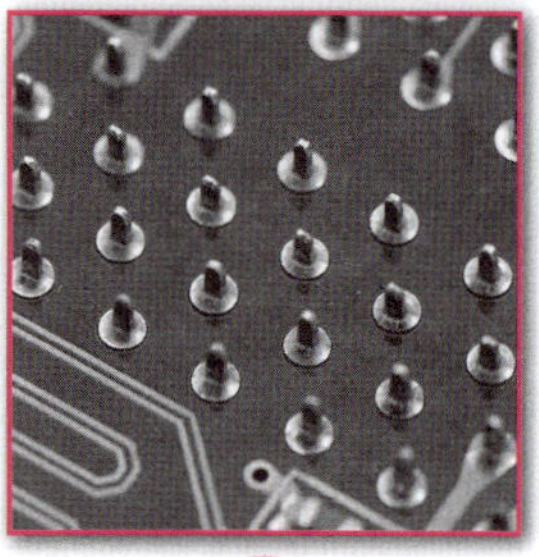

5

LETRADOS

○○●●

Cada uno de los dados contiene una palabra que recorre las caras del dado y que se forma con las tres letras visibles y otras tres más que tienes que averiguar con la pista de la definición. Ordenando adecuadamente las iniciales de las palabras formarás el nombre de una forma de manifestación.

1	Fruto del haya
2	Insecto picón
3	Ideal, adecuado
4	Noticia falsa
5	Hombre forzudo
6	Natural de Éfeso

¿Cuál es la forma de manifestación?

IDEOGRAMAS

○○○●

Combina adecuadamente las letras del interior del ideograma para deducir una palabra relacionada con la silueta sobre la que se encuentra.

¿Cuál es la palabra?

¿Cuál es la palabra?

CIENCIA NATURAL

○●●●

Descubre el nombre vulgar y el científico de la flor que aparece en la foto. Empieza escribiendo en el casillero rosa el nombre común y luego el científico en las casillas blancas. Si desconoces alguna de las soluciones, te echamos una mano con la pista de abajo: una frase en la que hemos sustituido algunas letras por números y los espacios por barras (/).

1 2 3 4 5 5 6 2

7 2 8 9 10 6 1 2

Pista: **5 2 / D 2 3 2 / 5 2 / 4 S 1 R 6 B 6 9 / D U 3 2 S**

¿Cuál es el nombre pila del escritor?

ADIVINANZA

○○○●

La noche tiene un ojo, uno de plata fina; y muy flojo, muy flojo, serás si no lo adivinas.

¿Qué es?

SOLUCIONES

Entreno #08

ADIVINANZA. La adivinanza decía: ¿qué es suficiente para uno, demasiado para dos y nada para tres? **SECRETO**.

UN PROBLEMA. Porque el resto eran féminas.

LA ESCALERA. **REACIO**, teoría, litera, estría, situar, turbia, umbría, Murcia, asumir, mesura, humear, húmeda, husmea, espuma, puesta, atunes, tesina, tierna, sentir, **CÍSTER**.

BALANZAS. El peso se multiplica por la distancia al punto de equilibrio y se van combinando así todos ellos. La suma de los pesos coloreados es 3 + 8 = **11**.

MACROS. 1: Carrete de hilo 2: Dedal. 3: Orquídea. 4: Tapón de dentífrico. 5: Circuito impreso.

LETRADOS. 1: Hayuco; 2: Tábano; 3: Idóneo; 4: Camelo; 5: Sansón; 6: Efesio. La palabra con las iniciales de las seis: **CHISTE**.

IDEOGRAMAS. **MITO** y **MILITAR**.

CIENCIA NATURAL. **CAMELIA**, *Camellia japonica*. En la pista se lee: **la *Dama* la escribió Dumas**. Solución a la pregunta: **ALEJANDRO** o **ALEXANDRE** es el nombre de Dumas, el autor del libro: *La dama de las camelias*.

ADIVINANZA. La **LUNA**.

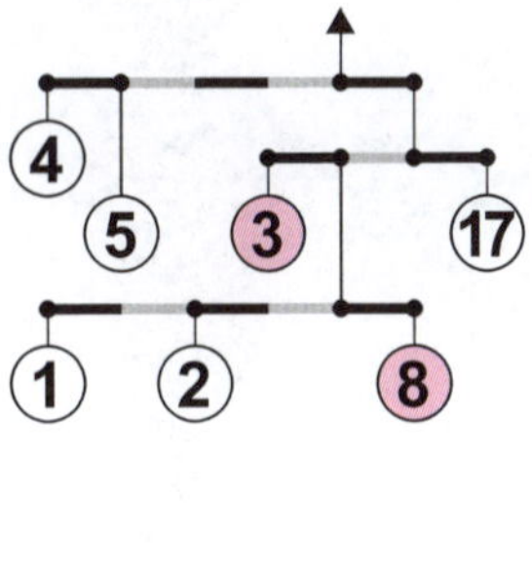

ESCAPE

#09

En la LUDOTECA

Hay muchos sitios donde hay ludotecas en las que chicos y mayores echan interesantes partidas, normalmente con juegos de tablero, para poder establecer sus propios enfrentamientos y clasificaciones. Suelen ser épicas las competiciones de *wargames*, sobre enormes tableros de trama hexagonal, o los ya clásicos de rol, al estilo de *Dragones y mazmorras*, pero no se puede despreciar una partida de parchís como forma de poner en sintonía a los abuelos con los nietos.

Pero nuestra ludoteca es un poco diferente porque en ella tenemos varios juegos, en los que participamos de una manera distinta a la clásica, y el resultado o su historia es la que nos va a proporcionar la forma de escapar de una encerrona de varias horas con la que la directora del centro nos ha engañado.

La puerta está ahí, a la vista, pero para poder salir a la calle será necesario que antes descubras la clave de apertura: sencilla, simple, pero lejana si no consigues descubrir por dónde empezar a resolverla.

CADENAS

○○●●

En la lista puedes ver juegos muy variados que pueden estar en una clásica ludoteca. Hay que encontrarlos todos en el encasillado inferior, donde pueden estar escritos cambiando de dirección según se pasa de una casilla a otra contigua, pero nunca en diagonal, y ninguno se cruza con otro. Te damos uno ya colocado para que te sirva de ejemplo. No pueden sobrar letras.

Cuando acabes descubrirás un juego más que no está en la lista, precisamente el que tienes que escribir en el encasillado inferior.

N	E	T	Á	N	O	N	I	L	G	L	E	M	A	D
O	C	A	R	A	T	E	G	O	G	O	B	A	B	U
S	A	G	T	S	B	A	O	M	K	Ó	P	S	Ú	K
S	A	N	A	R	U	R	S	O	E	R	T	A	B	I
R	C	R	R	B	T	C	O	N	A	R	G	U	M	M
E	C	A	I	Z	A	E	H	U	M	A	N	R	N	O
T	A	C	S	E	H	X	T	R	A	T	A	L	A	M
S	I	A	J	R	C	O	P	L	A	I	V	N	C	I
T	W	N	E	D	Y	L	O	N	T	R	I	A	M	S
E	R	O	G	K	C	A	B	O	Q	N	I	C	E	U
L	A	M	A	I	M	O	O	M	U	M	Y	E	T	Q
A	C	S	E	N	O	D	L	L	I	A	R	N	E	R
E	O	D	E	C	A	C	O	P	J	H	A	N	S	E
T	K	S	U	L	S	Í	R	A	O	I	P	O	A	U
U	T	I	R	O	G	H	C	G	N	C	T	I	L	Q

AJEDREZ
ALQUERQUE
ARTHEX
BACKGAMON
BARCOS
BOGGLE
BRISCA
CARCASSONE
CATÁN
CHATURANGA
CINQUILLO
DAMAS
DOMINÓ
ESCALERA
GO
MAHJONG
MANCALA
MOLINO
~~MONOPOLY~~
OCA
PARCHÍS
PICTIONARY
PÓKER
RISK
RUMMIKUB
SENET
SIMON
STRATEGO
TABÚ
TANGRAM
TRIVIAL
TUTE
TWISTER
UNO

¿Cuál es el juego que no está en la lista?

El número de casillas no es indicativo del número de letras de la palabra. Comienza en la casilla izquierda.

LOS BARCOS

Uno de los juegos de la ludoteca podría ser el de los barcos, para jugar entre dos jugadores con papel cuadriculado y lápiz.

Nosotros te presentamos esta versión para jugar en solitario a localizar los barcos a partir de estas pistas:

- Los barcos no pueden tocarse entre sí, ni siquiera en diagonal.
- Los números exteriores indican el número de fragmentos de barcos que hay en esa fila o columna.
- Las pistas dentro del tablero pueden ser fragmentos de barcos: centrales (cuadrados negros) o extremos (con curva) o casillas de "agua".
- Al lado del tablero tienes los barcos a encontrar, para ir tachándolos a medida que los sitúas.

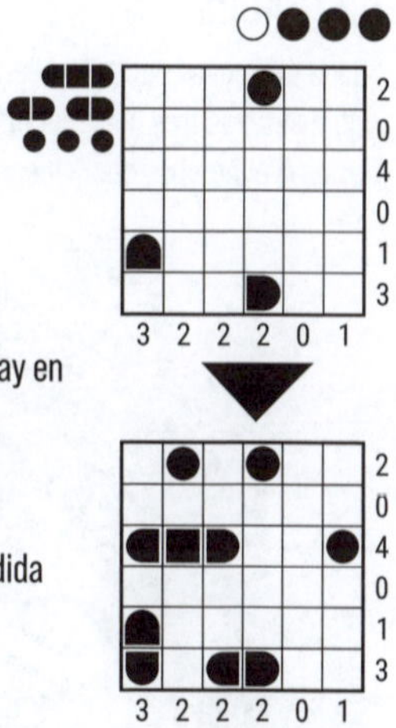

Un ejemplo resuelto para entender mejor el pasatiempo.

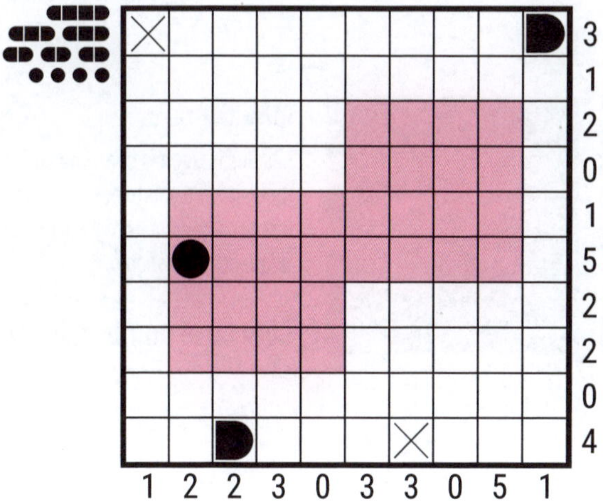

¿Cuántas casillas de barcos hay en la zona coloreada?

LETRADOS ○○●●

Cada uno de los dados contiene una palabra que recorre las caras del dado y que se forma con las tres letras visibles y otras tres más que tienes que averiguar con la pista de la definición. Con las iniciales de las palabras formarás el nombre de un juego que tenemos en nuestra ludoteca.

1	Insecto pesado
2	Arma blanca
3	Papel rígido
4	El toro lo es
5	Perjudicial
6	Prelado

¿Cuál es el nombre del juego?

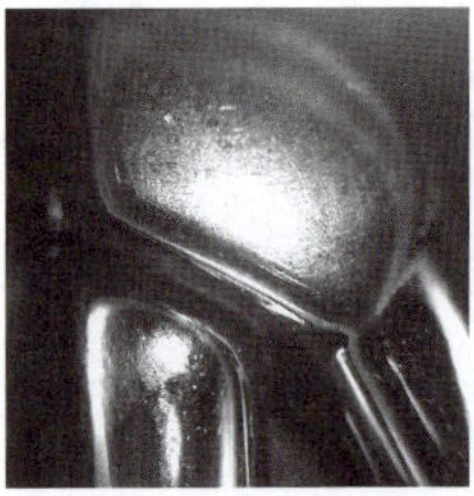

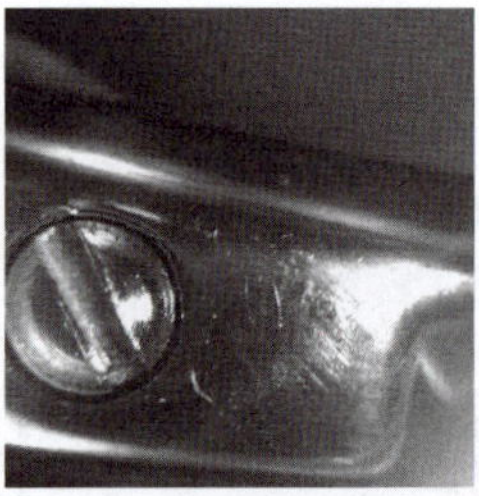

MACRO ○○○●

Las dos imágenes son vistas diferentes de un mismo objeto cotidiano de nuestra ludoteca, aunque fotografiado con un pequeño microscopio.

¿Cuál es el nombre del objeto?

LA CLAVE

Después de que la "ludotecaria" haya terminado su trabajo y establecido la clave de su ludoteca, esperamos que a ti no te haya sido difícil descifrarla y salir del encierro.

ENTRENO #09

ENCADENADAS 1

○○●●

Entre estos dos tableros (el de esta página y la siguiente) se esconden 23 nombres de **CAPITALES** españolas. Cada letra pertenece a una sola palabra, y los hexágonos que la forman deben estar unidos entre sí al menos por un lado. La trama hexagonal inferior, con diferentes tonos de gris, te ayudará a diferenciar los nombres de las capitales.

1

La trama de esta página está correctamente dispuesta y te marcamos una de las capitales, a modo de ejemplo, para que entiendas mejor en qué consiste el pasatiempo...

ENCADENADAS 2

○●●●

2

..., pero ¡cuidado!, porque la de esta página está girada, por lo que solo te será de utilidad cuando descubras algún nombre que te permita situarla correctamente.

¿A cuántas provincias, de ambos encadenados, baña el Mediterráneo?

☐

PENTOMINÓS

●●●●

Un pentominó es una figura compuesta por cinco cuadrados unidos entre sí. Utiliza cinco de los seis pentominós que tienes a la derecha de cada tablero para rellenar completamente su forma. Las piezas no están giradas.

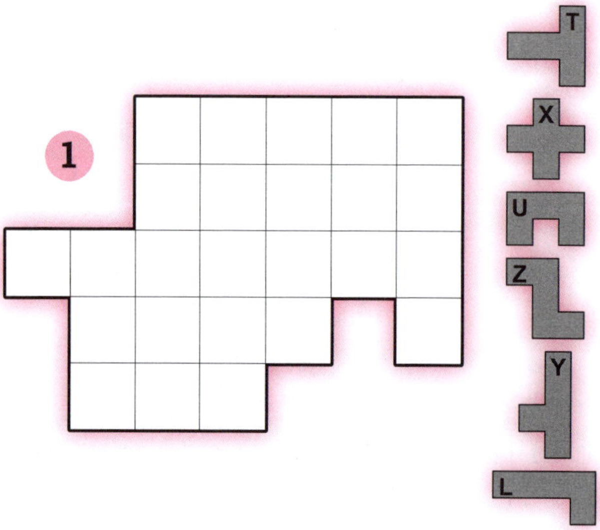

¿Cuál es el pentominó de cada tablero que, si lo colocas, ya no es posible completalo?

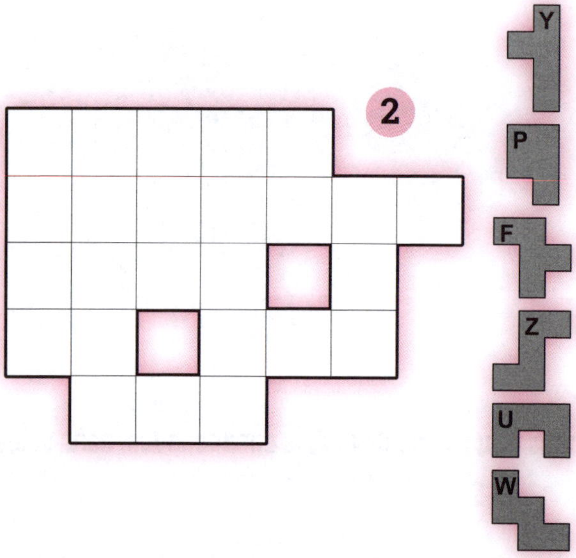

PINCHOS

Vamos a practicar con sumas sencillas: coloca los números del 1 al número de círculos con letras (1 a 4 en el caso de los dos primeros y de 1 a 5 en el del último) de manera que las sumas de los valores que atraviesa cada pincho sea la indicada en su extremo.

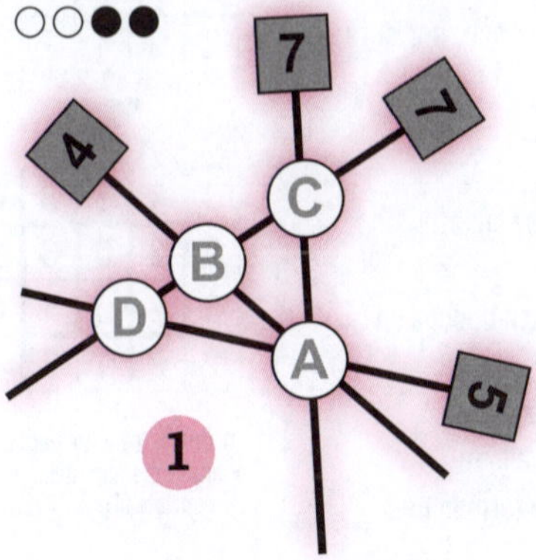

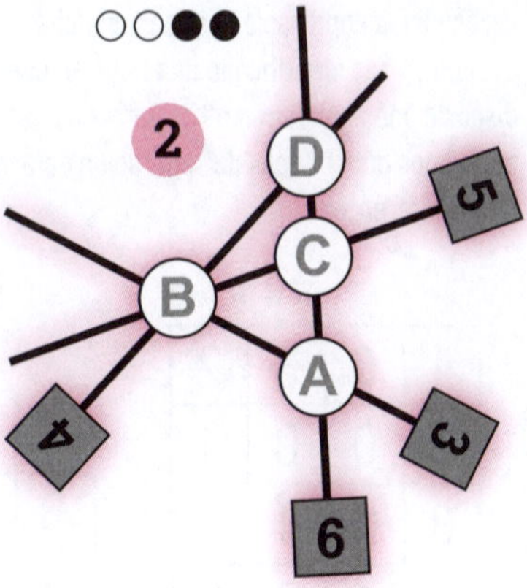

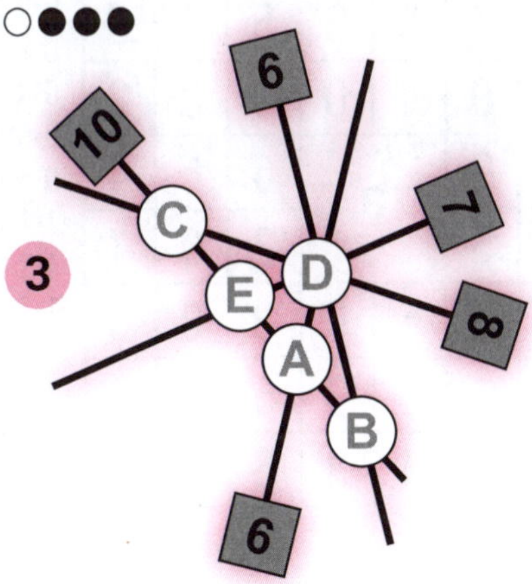

¿Cuánto suman los números que pondrías en las tres casillas con la letra A?

DOMINÓS

En cada pasatiempo están todas las fichas de un dominó, desde la 0·0 hasta la que le corresponda según el tamaño del tablero. El objetivo es descubrir la colocación de todas ellas marcando los bordes entre fichas.

Te damos al lado de cada tablero las fichas que lo componen, por si te ayuda ir tachándolas a medida que las encuentras.

CONSEJOS para resolver el pasatiempo:

1. Comienza buscando parejas que aparezcan una sola vez en la cuadrícula.
2. A medida que pones algunas fichas puede que te queden huecos en las esquinas donde solo te cabe una ficha.
3. Cuando ya has identificado una ficha, puedes descartar otras disposiciones iguales en otras partes del tablero. Para ello te sugerimos poner líneas de separación para indicar que forman dos fichas diferentes.

0·0 0·1 0·2 0·3 1·1 1·2 1·3 2·2 2·3 3·3

1	1	3	3	0
0	2	0	3	2
3	2	0	1	0
2	3	1	2	1

1	1	3	3	0
0	2	0	3	2
3	2	0	1	0
2	3	1	2	1

Ejemplo resuelto, para que puedas entender mejor en qué consiste el pasatiempo.

1

0·0 0·1 0·2 0·3 1·1 1·2 1·3 2·2 2·3 3·3

1	0	3	2
3	0	0	1
3	2	1	3
1	1	2	0
0	2	2	3

2

0·0 0·1 0·2 0·3 1·1 1·2 1·3 2·2 2·3 3·3

0	2	2	2
3	3	0	1
3	1	0	3
1	1	0	1
2	3	2	0

3

	1	2	4	4	6	4	
5	6	4	5	3	5	4	0
0	3	0	1	0	3	3	2
1	4	2			6	6	4
5	5	5			2	0	1
1	2	2	6	0	3	0	6
3	4	1	1	3	6	5	2
	6	2	1	3	5	0	

0·0	2·3
0·1	2·4
0·2	2·5
0·3	2·6
0·4	3·3
0·5	3·4
0·6	3·5
1·1	3·6
1·2	4·4
1·3	4·5
1·4	4·6
1·5	5·5
1·6	5·6
2·2	6·6

¿Cuántas fichas de dominó atraviesan las cuatro líneas?

SOLUCIONES

Entreno #09

ENCADENADAS 1. Tiene las siguientes capitales: SANTANDER, LUGO, ORENSE, OVIEDO, BILBAO, PONTEVEDRA, HUESCA, VITORIA, PAMPLONA, ZAMORA, CÁDIZ.

ENCADENADAS 2. Tiene las siguientes capitales: TERUEL, LÉRIDA, VALENCIA, SEVILLA, GERONA, CÓRDOBA, ALICANTE, MÁLAGA, JAÉN, MURCIA, SORIA, LEÓN.
En color las **6** provincias que baña el Mediterráneo. Atención a que incluimos Murcia, aunque su capital no esté en la costa.

PENTOMINÓS. 1: No se puede utilizar el **T**. 2: No se puede utilizar el **F**.

PINCHOS. La suma de los valores de las casillas A es 3 + 2 + 4 = **9**.

DOMINÓS. La suma de las fichas de dominó atravesadas por las líneas (te las hemos coloreado en las imágenes para facilitarte su recuento) es 5 + 3 + 8 = **16**.

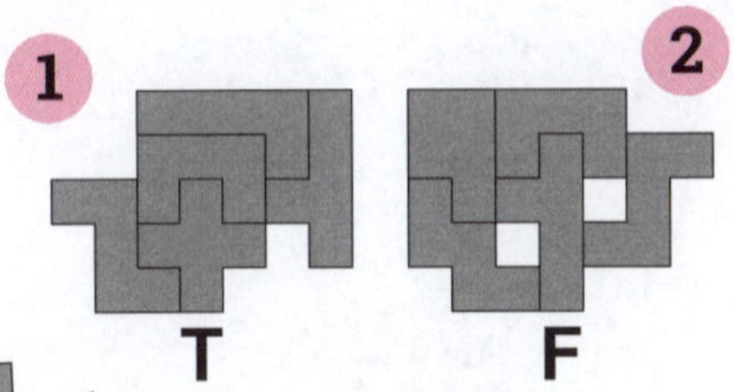

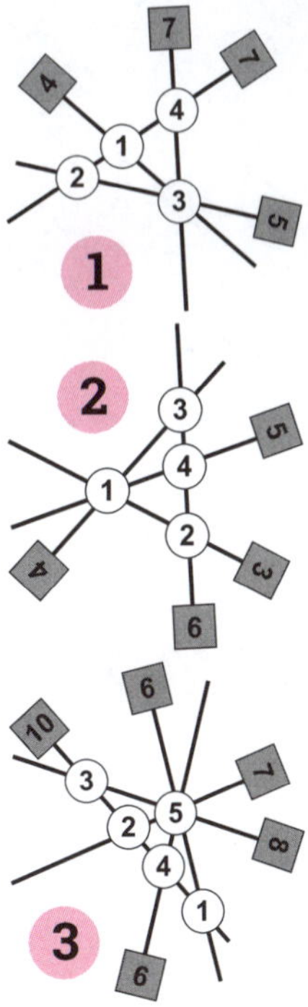

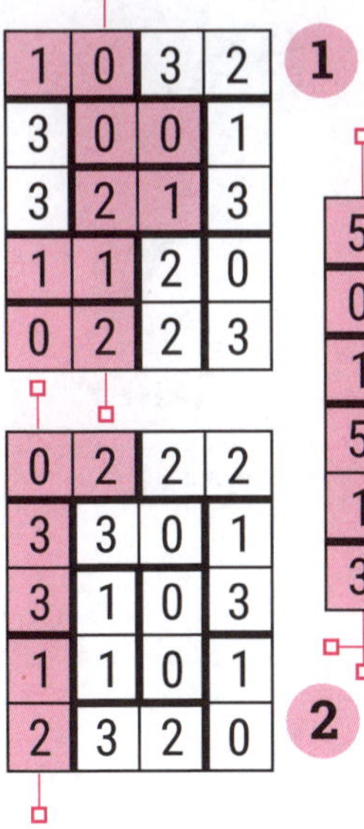

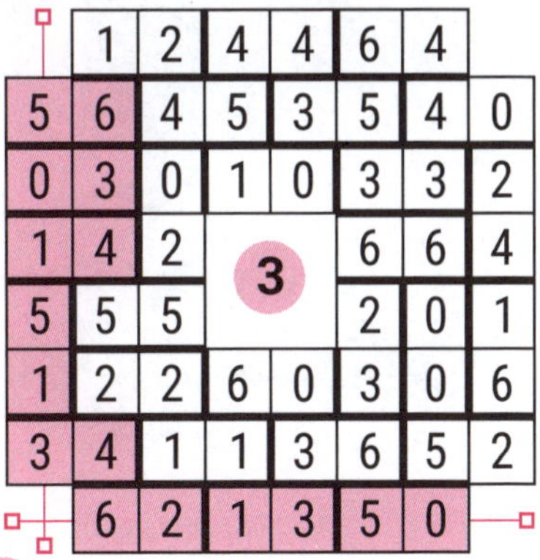

ESCAPE

#10

JANA y su biblioteca

Estamos en una biblioteca donde muchos estudiantes van a preparar sus exámenes, además de leer o pedir prestados libros. En este caso hemos seleccionado unos cuantos de los que se encuentran en los anaqueles para hacer un juego con ellos: conseguir localizar sus títulos y autores a partir de los resúmenes de cada uno.

Podrás tener la clave de cierre de la biblioteca, que hemos encriptado para que nadie robe por la noche sus tesoros más preciados, y te emplazamos a descubrirla para ayudar así a Jana, la bibliotecaria.

Pero como no solo de libros vive el hombre, hemos añadido un par de ejercicios que se relacionan con diccionarios, como el de la Real Academia de la Lengua (RAE) y con una misteriosa enciclopedia donde están muchísimos de los nombres de personas en diferentes idiomas.

SINOPSIS DE LAS OBRAS

A continuación te damos una sinopsis de 9 libros clásicos. Son muy conocidos sus títulos y autores, para que intentes descubrir ambos. A lo largo del capítulo podrás encontrar pasatiempos que te ayudarán.

1 La obra explora la tenacidad, la lealtad y la capacidad humana de un correo para entregar un mensaje crucial. Atravesando Siberia, enfrenta obstáculos como invasiones tártaras, traiciones y peligros naturales. El capitán es valiente y astuto, pero sufre una ceguera temporal debido a un enfrentamiento. A pesar de las adversidades, cumple su misión y restablece la comunicación vital.

2 En la obra se tratan temas de identidad, pertenencia y la conexión entre la humanidad y la naturaleza a través de historias cautivadoras en las que el autor presenta lecciones valiosas sobre la supervivencia, la amistad y la armonía con el entorno, creando una colección de relatos, ambientados en la India, que sigue las aventuras de un niño criado por lobos que se enfrenta a desafíos en la jungla.

3 La novela trata sobre la responsabilidad científica, los límites éticos de la creación y las consecuencias de la alienación. A través de la relación entre creador y criatura, el autor se pregunta sobre la humanidad, la compasión y la búsqueda de conocimiento, dejando una poderosa reflexión sobre las implicaciones morales de jugar a ser Dios al narrar la historia de un científico obsesionado con la creación de vida.

4 Con humor satírico, la obra aborda la disparidad entre la sociedad medieval y la tecnología del siglo XIX cuando su protagonista, un ingeniero de Connecticut, viaja en el tiempo al siglo VI e intenta modernizar la corte del rey, enfrentándose a desafíos políticos y sociales mientras reflexiona sobre la naturaleza del progreso, la autoridad y la adaptación cultural.

5 La obra sigue a un valiente pirata malasio, en su resistencia contra la opresión colonial británica y neerlandesa en el Sudeste Asiático. La narrativa está repleta de emocionantes batallas navales, intrigas políticas y romances apasionados, creando una epopeya que destaca la lucha del protagonista como esencia de la aventura exótica, con personajes carismáticos y un telón de fondo exuberante.

6 Una colección de relatos que sigue a un famoso detective y su leal amigo mientras resuelven intrigantes casos. A través de narrativas astutas y misteriosas, la obra destaca la brillantez deductiva del protagonista que utiliza su aguda observación y lógica para resolver casos aparentemente imposibles, apoyado en su perspicaz ayudante y creando así una obra maestra del género detectivesco.

7 Una novela que personifica la naturaleza a través de un bosque gallego en el que cada árbol y criatura tiene vida y personalidad propia, desde el melancólico abeto hasta el astuto zorro. La historia sigue la vida del bosque a lo largo de las estaciones, mostrando la interconexión de la vida silvestre. A través de un estilo narrativo poético y humorístico, el autor crea una alegoría encantadora que celebra la magia de la naturaleza y la simplicidad de la vida.

8 La novela aborda temas de explotación infantil, corrupción y redención, ofreciendo una conmovedora crítica social que ha perdurado como un clásico de la literatura. El protagonista, después de escapar de un cruel orfanato, se une a una pandilla de jóvenes ladrones dirigida por el astuto Fagin. A través de sus peripecias, el autor expone las injusticias sociales y la brutalidad de la pobreza victoriana.

9 La obra explora la rivalidad, el destino y la juventud impulsiva, destacando la fragilidad de la vida y el poder del amor cuando sus protagonistas se ven atrapados en una enemistad ancestral entre sus familias y a pesar de ello se enamoran apasionadamente y deciden casarse en secreto. La trama se complica con malentendidos y duelos, llevando a un desenlace fatal que se convierte en símbolo universal del romance trágico.

TÍTULOS Y AUTORES

○●●●

Escribe en los espacios señalados los títulos de los libros y sus autores, al menos los que sepas. Si te queda alguno sin localizar, pasa la página para tener una pista adicional al ver los anagramas de los títulos.

	Título	Autor
1		
2		
3		
4		
5		
6		
7		
8		
9		

¿Cuál es el título que tiene una sola palabra?

▲	▲	▲			▲		▲			▲	▲

MISMAS LETRAS

○○○●

Con las letras marcadas con las flechas podrás componer un nombre propio de hombre.

¿Cuál es el nombre?

ANAGRAMAS DE LOS TÍTULOS ○○○●

Si no has podido identificar los títulos en el ejercicio anterior, quizá puedas hacerlo ahora cuando veas sus anagramas. Fíjate en las mayúsculas, porque indican que es la primera letra, y si hay más, es porque en el título hay algunos nombres propios. También te damos como pista los anagramas de las palabras independientes dentro de cada título: una buena pista.

1. egilMu ffgoorst
2. emooR y aeiJltu
3. lE bilor ed al aelsv
4. eilOrv istTw
5. nU ainquy ne al ceort led ery Aorrtu
6. AEEFIKNNNRST
7. soL egirst ed aceMmmopr
8. saL aeimmors ed cehklorS eHlmos
9. lE beoqsu aadimno

ANAGRAMAS DE LOS AUTORES

○○○●

Abajo, en la columna de la derecha, tienes los anagramas de los nombres y apellidos de los autores de los libros. Hemos mantenido las mayúsculas de cada palabra que los forma, para que te sirvan como pista.
Por cierto, están desordenados, aunque en este caso el G se corresponde con el título 1.

	Título	Autor
A		a e e h l l M r S y y
B		a a E g i i i l l m o r S
C		a C c D e e h i k l n r s s
D		a a a e e e h i i k l l m p r S s W
E		a á c d e e e e e F F l l n n n o o r r s s W z
F		a d d g i i K l n p R r u y
G		e e i J l n o r u V
H		a a i k M n r T w
I		A a C D e h l n n o o r r t u y

¿Cuál es el nombre o apellido más corto?

PENTAVOCALES

○●●●

Y ya que estamos en ello, ¿cuántos nombres de pila de hombres españoles, con las cinco vocales, eres capaz de recordar?
En la lista de la derecha tienes las vocales ordenadas de los siete que hemos seleccionado nosotros. Tu objetivo es descubrir las consonantes que les faltan.

AUEIO
EUAIO
EUAIO
AUEIO
AUEIO
EUAUIO

¿Cuáles son las consonantes que le faltan al nombre más largo?

DEFINICIONES

○●●●

Tu objetivo es hacer corresponder las palabras con sus definiciones de la RAE, en la columna de la derecha.

	PALABRAS		DEFINICIONES
A	**ASPRO**	1.	Antílope africano.
B	**BABIECA**	2.	Abanico grande con mango largo.
C	**FARGALLÓN**	3.	Persona floja y boba.
D	**FIGULINO**	4.	Cantidad muy grande.
E	**FLABELO**	5.	Harto.
F	**IMPALA**	6.	Persona alocada, de poco juicio.
G	**INEDIA**	7.	Moneda turca.
H	**MIRÍADA**	8.	Estatuilla de cerámica.
I	**SACIO**	9.	Descuidado en el aseo.
J	**TARAMBANA**	10.	Falta de alimentación suficiente.
K	**ATUFO**	11.	Preámbulo de una obra literaria.
L	**CALBOCHE**	12.	Color de las frutas al madurar.
M	**ENVERO**	13.	Enfado o enojo.
N	**EXORDIO**	14.	Olla de barro para asar castañas.
O	**JABARDILLO**	15.	Remolino de gente.

¿Cuáles son las letras de las definiciones 1, 3 y 7?

☐ ☐ ☐

LA CLAVE

Después de que la bibliotecaria haya terminado su trabajo y establecido la clave de su biblioteca, esperamos que a ti no te haya sido difícil descifrarla y comprobar su inviolabilidad.

☐ ☐ ☐ ☐ ☐ ☐

ENTRENO

#10

AJEDREZ

En ambos tableros las blancas juegan y dan mate en un solo movimiento.

K (rey), **Q** (reina), **T** (torre), **C** (caballo), **A** (alfil), **P** (peón)

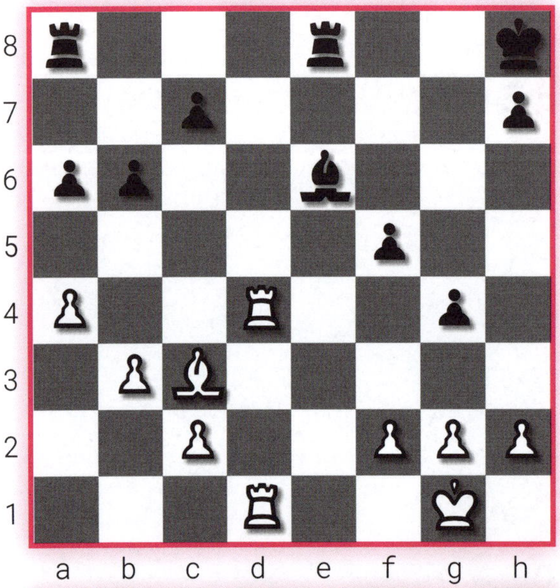

○○○●

A

¿Cuál es la pieza a mover + la letra y número de destino en cada tablero?

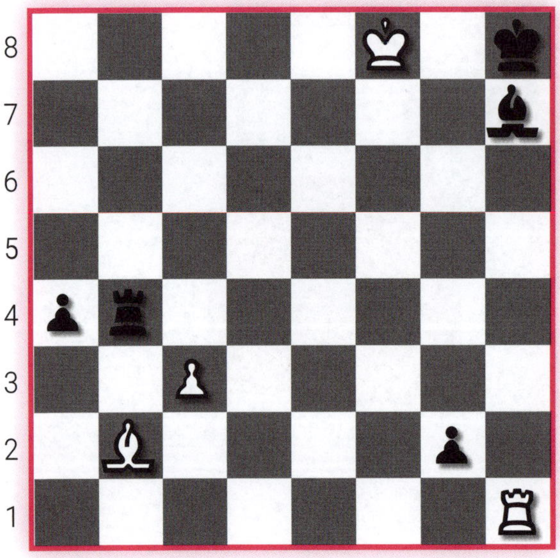

○○●●

B

DEDUDADOS

○○○●

Cada **dedudado** es un "recortable" con el que se puede formar un dado, aunque no te damos los valores de las caras. Para deducir dichos valores te damos estas pistas:

- Las caras blancas son valores impares.
- La línea gruesa divide el recortable en dos partes, y te damos la suma de una de ellas en el círculo negro.
- Por si no lo sabes, las caras opuestas de un dado suman 7 y por tanto será 21 el total de puntos.
- Los valores 1-2-3, en torno a uno de los vértices del dado, siguen el orden de las agujas del reloj y lo mismo ocurre con el 4-5-6.

Aquí tienes un ejemplo resuelto para que entiendas mejor el pasatiempo.

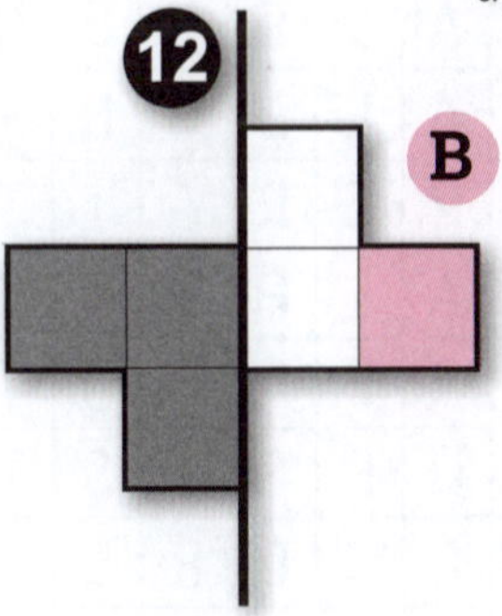

¿Cuánto suman en total los números de las casillas coloreadas?

CADENAS

○○●●

En la lista aparecen cosas que puedes ver en la ciudad. Hay que encontrarlas todas en el encasillado inferior, donde pueden estar escritas cambiando de dirección según se pasa de una casilla a otra contigua, pero nunca en diagonal, y ninguna se cruza con otra. Te damos una ya colocada para que te sirva de ejemplo. No pueden sobrar letras.

Cuando acabes descubrirás una palabra de más en la lista, precisamente la que tienes que escribir en el encasillado inferior.

I	O	A	Q	U	E	O	L	I	A	O	R	E	D	N
R	N	J	R	E	R	P	I	C	D	I	L	L	O	E
R	A	P	A	L	E	L	B	O	R	A	I	P	L	R
A	Z	C	A	L	J	O	N	A	A	N	V	O	A	R
B	R	I	P	E	R	A	I	T	R	F	O	N	Z	A
T	A	L	A	L	P	M	U	E	L	E	B	I	A	B
N	A	L	P	E	A	E	Q	T	B	U	S	C	O	T
A	A	F	U	E	S	T	S	T	O	A	C	I	E	N
C	L	P	E	O	O	R	E	U	A	U	L	E	I	M
M	E	U	N	F	A	R	O	L	A	T	O	T	A	A
O	R	E	T	P	A	A	V	E	N	A	P	I	S	C
T	T	O	T	U	R	B	O	L	I	D	O	A	T	R
O	I	X	A	E	B	U	Z	Q	U	S	C	A	R	A
R	E	C	A	N	T	E	O	N	I	O	E	T	A	P
A	S	E	M	A	F	O	R	O	E	S	C	A	P	A

ACERA
ALCANTARILLA
APARCAMIENTO
ÁRBOL
AUTOBÚS
AUTOPISTA
AVENIDA
BARRENDERO
BARRIO
BICICLETA
BORDILLO
BUZÓN
CALLE
CAMIÓN
ESCAPARATE
ESQUINA
FAROLA
FUENTE
METRO
MOTO
PAPELERA
PARQUE
PASEO
PLAZA
POLICÍA
PUENTE
PUERTO
QUIOSCO
~~RELOJ~~
SEMÁFORO
TAXI
TELÉFONO
TRANVÍA
ZANJA

¿Cuál es la palabra que no está en la lista?

El número de casillas no es indicativo del número de letras de la palabra. Comienza en la casilla izquierda.

TERMÓMETROS

○○●●

Los termómetros pueden estar vacíos, parcialmente llenos de líquido o completos. Los números del exterior indican cuántos trozos del termómetro tienen líquido en esa fila o columna. Cada termómetro se llena siempre desde la base o bulbo (más ancha) hacia el otro extermo. Pueden ser rectos o no.

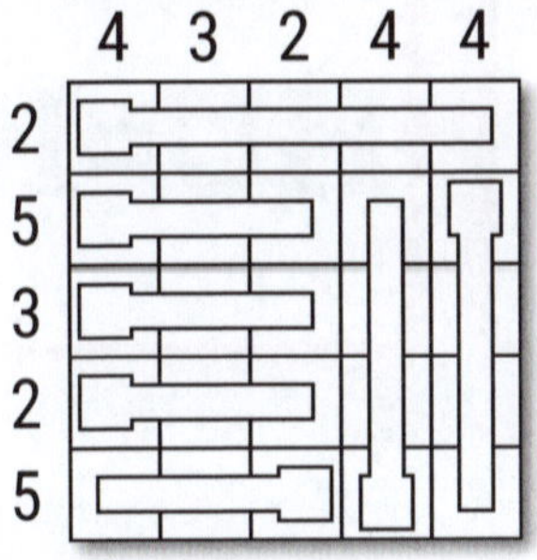

1

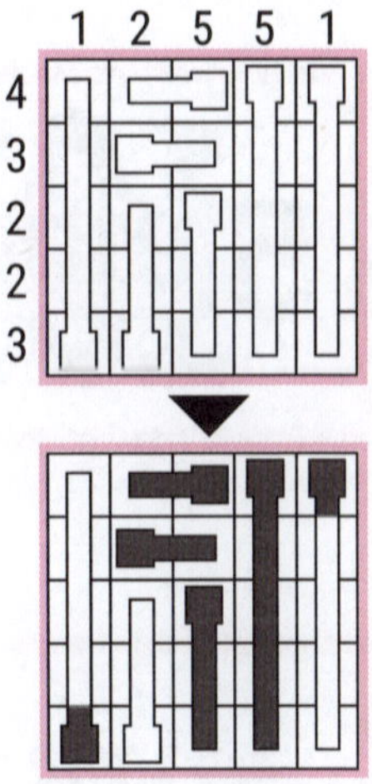

Ejemplo resuelto, para que puedas entender mejor en qué consiste el pasatiempo.

CONSEJOS para resolver el pasatiempo:

1. Cada pasatiempo tiene una solución única.
2. Se pueden resolver de forma lógica, sin conjeturas.
3. Empieza por buscar opciones seguras, como cuando te pone un 5 y el tablero es de 5x5.
4. Si deduces que hay una parte con líquido en el medio del termómetro, debe rellenarse también el resto hasta el bulbo.

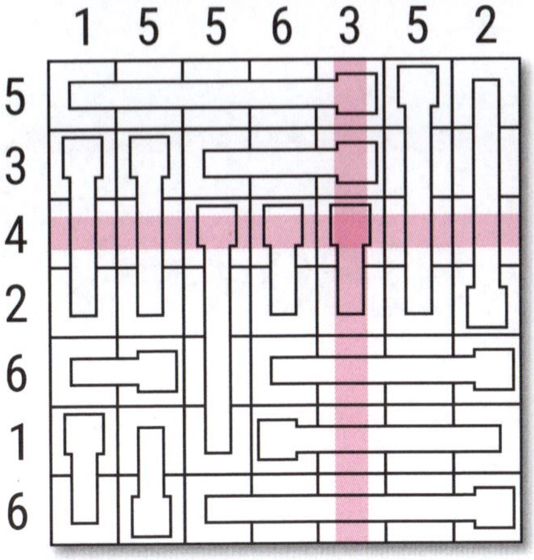

2

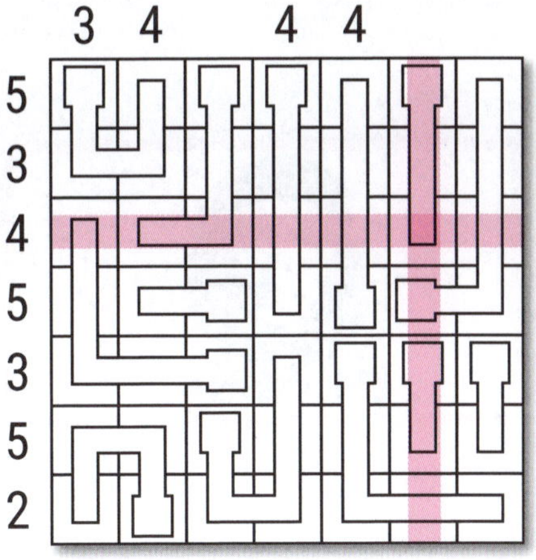

3

¿Cuántas casillas de líquido atraviesan las bandas de color?

JEROGLÍFICOS

●●●●

Cada uno de los jeroglíficos se corresponde con el nombre de un equipo de fútbol.

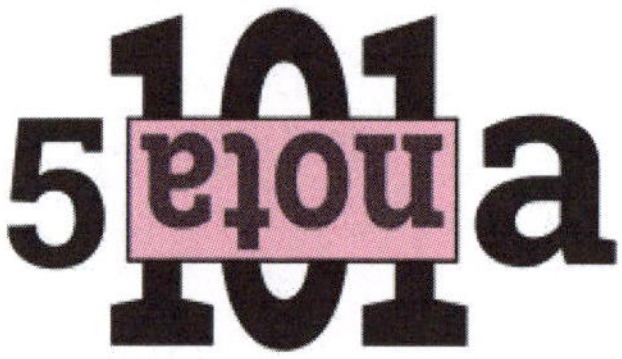

1

HU=100A

2

sureste
650nota

3

4

5

6

¿Cuál es el que tiene más letras en su nombre?

SOLUCIONES

Entreno #10

AJEDREZ. A: **T-g4** (y come el **P**); B: **P-b4** (y come la **T**).

DEDUDADOS. Las caras coloreadas suman lo siguiente: 5 + 3 + 1 + 5 = **14**.

CADENAS. La palabra de la lista que no está en el tablero es **CAMIÓN**.

TERMÓMETROS. Las cuatro bandas de color atraviesan 4 + 3 + 4 + 4 = **15**.

JEROGLÍFICOS. Estas son las soluciones de los jeroglíficos:

1. **VALENCIA**: V-al (LA al revés)-en CI (dentro de 101 en romanos)-A.
2. **HUESCA**: Hu es (equivale a igual a) - C (n.º romano) - A.
3. **SEVILLA**: SE - VI - L (números romanos) - LA.
4. **ALAVÉS**: Ala ves (ves un ala).
5. **ELCHE**: el Ché.
6. **VILLARREAL**: V-I-L- (números romanos) - La - R - Re - aL (nota La al revés).

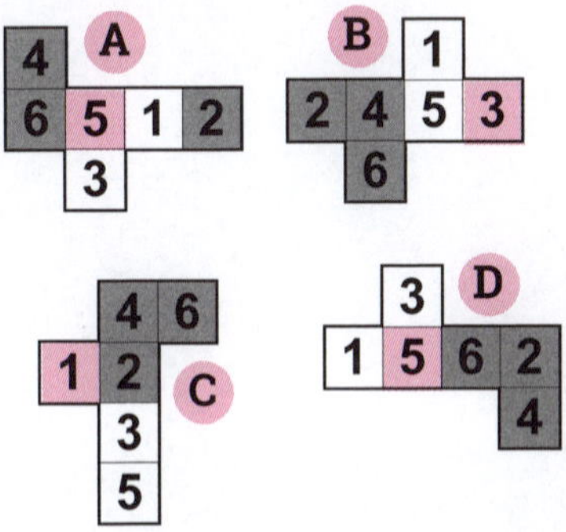

I	O	A	Q	U	E	O	L	I	A	O	R	E	D	N
R	N	J	R	E	R	P	I	C	D	I	L	L	O	E
R	A	P	A	L	E	L	B	O	R	A	I	P	L	R
A	Z	C	A	L	J	O	N	A	A	N	V	O	A	R
B	R	I	P	E	R	A	I	T	R	F	O	N	Z	A
T	A	L	A	L	P	M	U	E	L	E	B	I	A	B
N	A	L	P	E	A	E	Q	T	B	U	S	C	O	T
A	A	F	U	E	S	T	S	T	O	A	C	I	E	N
C	L	P	E	O	O	R	E	U	A	U	L	E	I	M
M	E	U	N	F	A	R	O	L	A	T	O	T	A	A
O	R	E	T	P	A	A	V	E	N	A	P	I	S	C
T	T	O	T	U	R	B	O	L	I	D	O	A	T	R
O	I	X	A	E	B	U	Z	Q	U	S	C	A	R	A
R	E	C	A	N	T	E	O	N	I	O	E	T	A	P
A	S	E	M	A	F	O	R	O	E	S	C	A	P	A

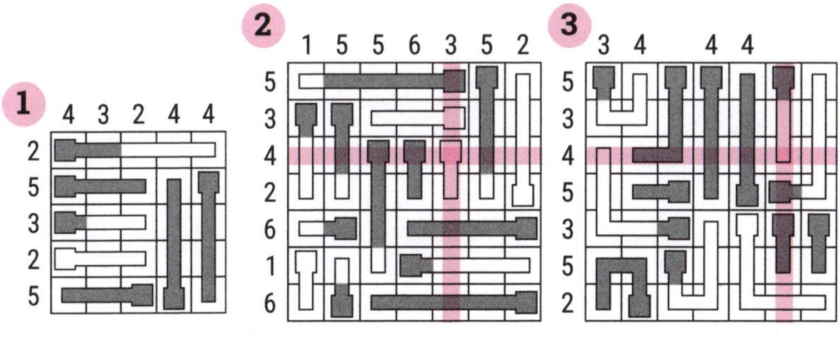

ESCAPE
#11

La tumba de HOWARD

Una de las peores pesadillas para un arqueólogo es que, cuando vuelve a su yacimiento, que dejó la noche anterior para ir a descansar, se encuentre que ha habido furtivos que han entrado en él y han movido o destrozado su minucioso trabajo. En este caso seguimos a Howard, el hijo de Juan, un gran aficionado a la arqueología egipcia, y que puso ese nombre a su hijo en memoria de su ídolo.

Howard ha estado en Egipto varias veces y ha conseguido descubrir una extraña cueva que algunos lugareños le han convencido de que se trata de una antigua tumba, desconocida hasta el momento, que ellos han explorado. Por eso ha tapado su entrada con una fuerte reja que solo se puede abrir a distancia mediante una intrincada combinación de claves cuya generación ha conseguido encriptar en curiosos pasatiempos de sencilla apariencia.

Por cierto, la clave no se pone en ningún sitio de la reja, sino que su desbloqueo se consigue mediante el envío de una señal vía satélite que hace que el cierre se abra cuando el neurótico de Howard quiere.

DE ESPALDAS

○○●●

KV62, así es como se identifica la tumba donde apareció esta máscara que ahora ves de espaldas. Es muy probable que sepas de quién es y, seguramente, también sepas que se trata de un adolescente y que la descubrió otro Howard, un famoso arqueólogo británico.

Lo que quizá no recuerdes es de quién era hijo y cómo se llamaba su madrastra.

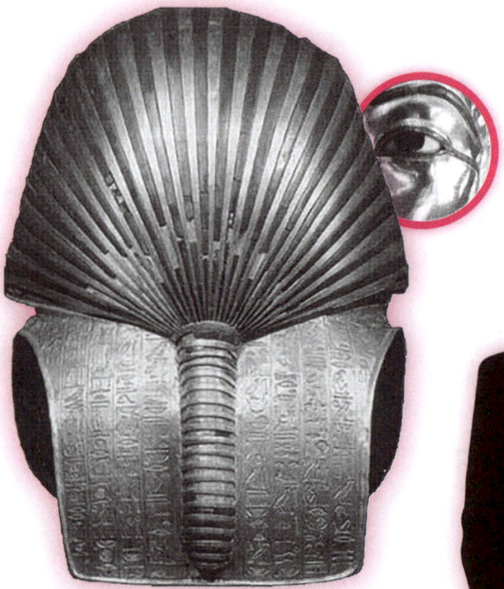

El espejo

Su padre

Su madrastra

AAEKNNÓT

EEFIINRTT

¿Cuál es el nombre del joven?

PALABRA COMÚN

○●●●

Sustituye los puntos suspensivos por una palabra de tal manera que, unida a la primera parte, forme una palabra y, unida a la segunda parte, forme otra.

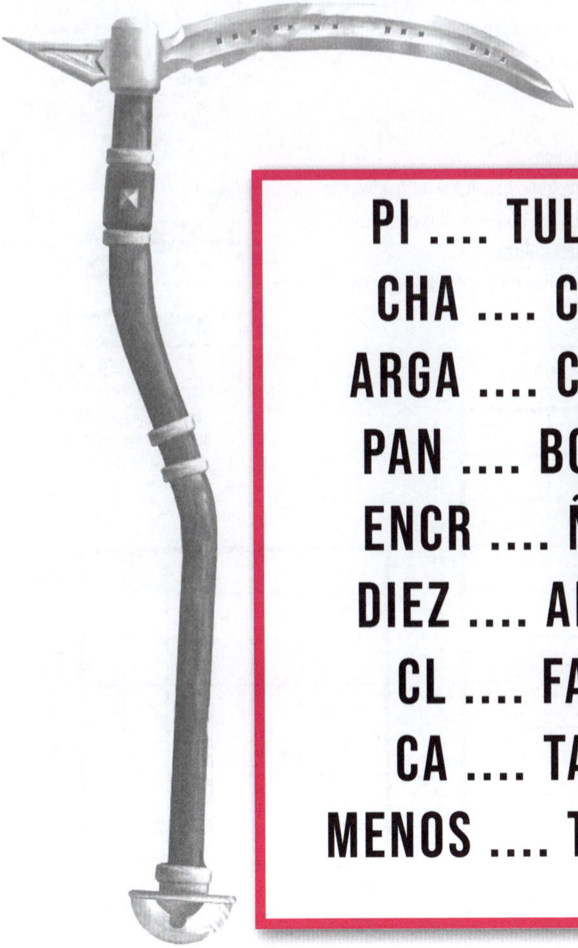

PI .... TULA

CHA .... CO

ARGA .... CRE

PAN .... BON

ENCR .... ÑA

DIEZ .... AÑA

CL .... FA

CA .... TA

MENOS .... TAJE

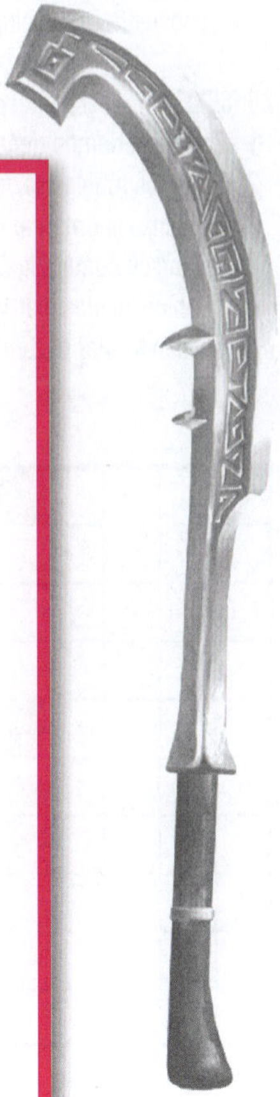

¿Cuál es la palabra más larga de las que hay que descubrir?

EL TÚNEL

○●●●

El objetivo es dibujar una sola línea (el túnel), formada por casillas del tablero, de tal forma que discurra entre las celdas oscuras iniciales que serán sus extremos. Dicha línea nunca se tocará a sí misma, ni siquiera en diagonal, y los números exteriores muestran cuántas celdas deben oscurecerse en su correspondiente fila o columna, como parte del túnel.

CONSEJOS para resolver el pasatiempo:

1. Cada pasatiempo tiene una solución única.
2. Todos los túneles se deducen de forma lógica: no hace falta adivinar.
3. Comienza por marcar como parte del túnel aquellas filas o columnas que tengan un número igual al de sus casillas libres.
4. También puedes marcar con una X aquellas otras casillas que sepas que no pueden formar parte del túnel.

Un ejemplo resuelto para entender mejor el pasatiempo.

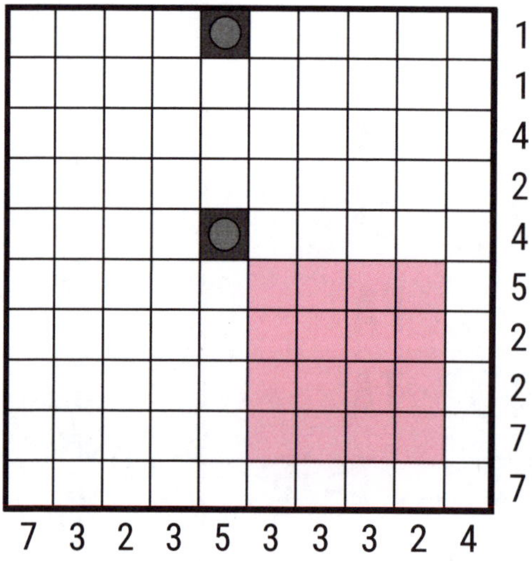

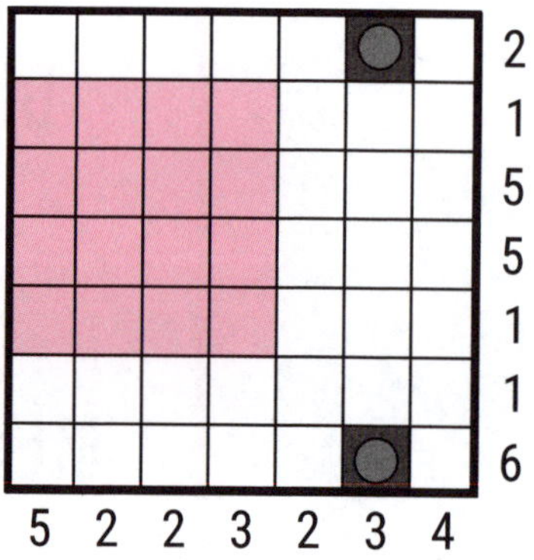

¿Cuántas casillas de túnel hay entre las dos zonas coloreadas?

CAMINITO

○●●●

A la izquierda se puede ver un caminito cerrado formado por diferentes curvas y quiebros, que comienza en el punto de salida y termina en él, después de dar toda la vuelta. Vamos a suponer que se trata de un recorrido de carreteras que unen diferentes yacimientos arqueológicos en el desierto egipcio.

A la derecha hemos dividido esa carretera en trozos y tu objetivo es reconstruirla, poniendo un número en cada tramo, haciendo un recorrido en el sentido de las agujas del reloj.

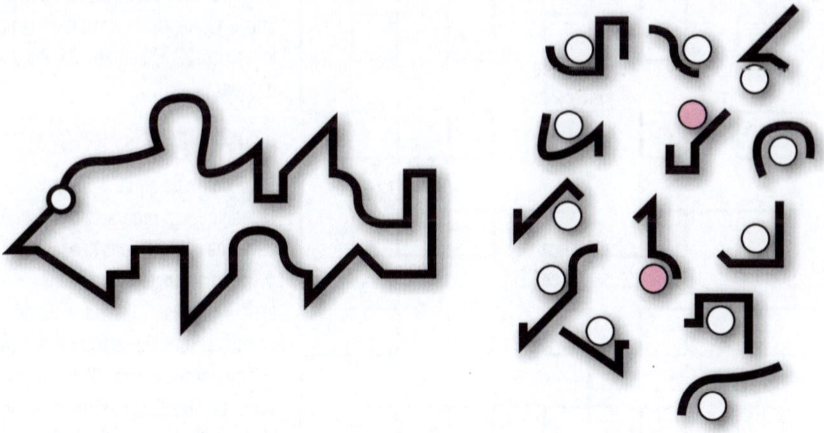

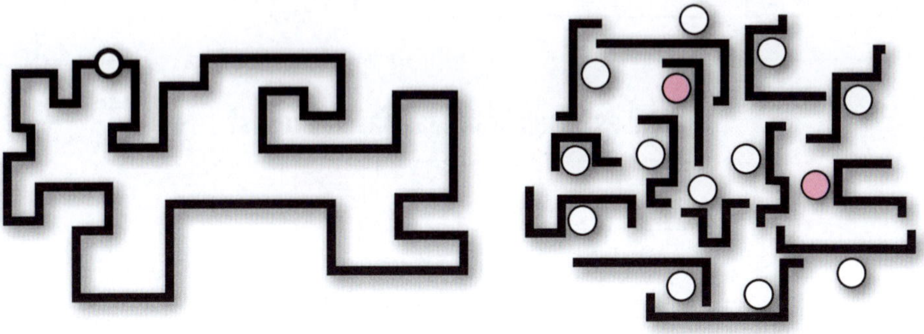

¿Cuánto suman los números de los trozos coloreados?

ARABESCO

○○●●

Este pasatiempo funciona como un crucigrama. Ordenando adecuadamente las letras que pongas en las casillas coloreadas descubrirás el apellido del otro Howard del que hablamos en el primer pasatiempo.

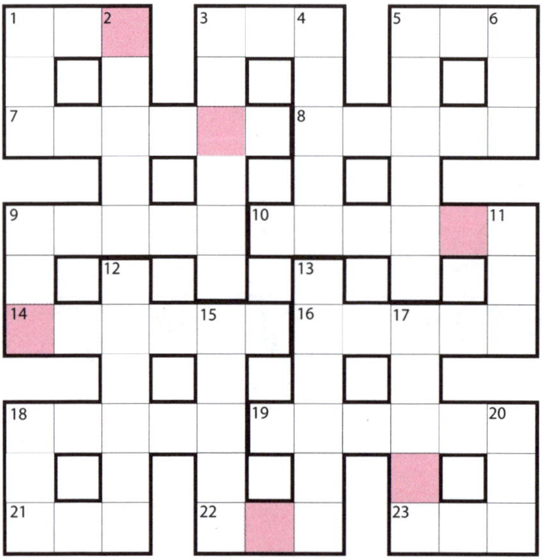

HORIZONTALES:

1. Nombre de mujer. 3. Otorgar. 5. Poco agraciado. 7. Hombre que trabaja en óptica. 8. Que ya ha sido utilizado. 9. Terreno en pendiente. 10. Mercadillo madrileño. 14. S. 16. Disminución a prorrata. 18. Natural de Suiza. 19. Reptil. 21. Paso la vista por lo escrito. 22. Escondite. 23. Bebida de piratas.

VERTICALES:

1. Corriente de agua. 2. Objeto tallado que se venera. 3. Decir algo para que otra persona lo escriba. 4. Inflamación dolorosa de las articulaciones. 5. Instrumento de viento. 6. Símbolo de Madrid. 9. Presa. 11. Órgano de la vista. 12. Voz de la vaca. 13. Aturdido, casi dormido. 15. Mirar disimuladamente. 17. Trasladar aquí. 18. Donde está el km 0. 20. Todavía.

¿Cuál es la palabra de las casillas rosas?

LA CLAVE

Parece que Howard ha aprendido a tener la boca cerrada y la mente bien abierta para que ninguno de los merodeadores de tumbas descubran la clave de acceso a su secreto.

ESCAPE

#12

ENRIQUE y su anacronópete

Todos creen que fue Herbert, más conocido como H. G. Wells, el primero en describir una máquina del tiempo, sin embargo quizá sea bueno poner las cosas en su sitio, sobre todo teniendo en cuenta que, antes de que este afamado escritor de ciencia ficción publicara una de sus obras más conocidas sobre el tema, ya hubo un español llamado Enrique Gaspar que había escrito su novela titulada *El anacronópete* (vaya nombre difícil de pronunciar ;-), publicada en 1887 (8 años antes que la de Wells).

Pero no se contentó Enrique con llamar así a su máquina y titular de la misma manera su libro, sino que le puso un subtítulo algo "esclarecedor": *La metempsicosis* - *Viaje a China*, en realidad dos relatos: fantástico uno y epistolar de viajes el otro.

¿Existirá realmente eso de la metempsicosis? Pues sí, y la RAE lo define como algo parecido a la reencarnación en otros cuerpos más o menos perfectos según los merecimientos alcanzados en la existencia anterior.

Veamos pues hasta dónde podemos llegar con la idea de los viajes en el tiempo.

CALENDARIOS

○○●●

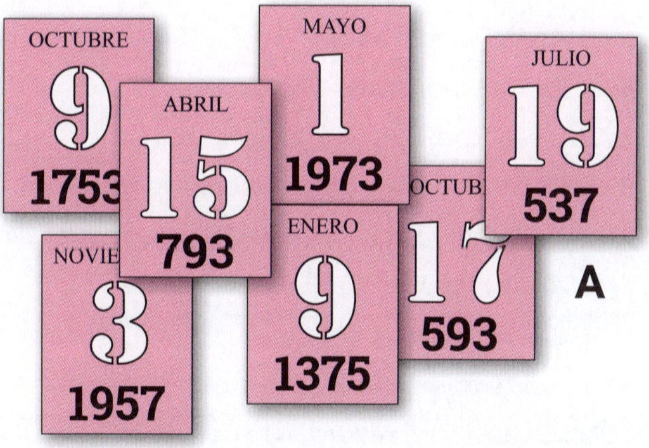

Cada uno de los dos grupos de hojas de calendario tienen una lógica que las iguala, aunque hay una extraña en cada grupo, que no sigue el patrón del resto.

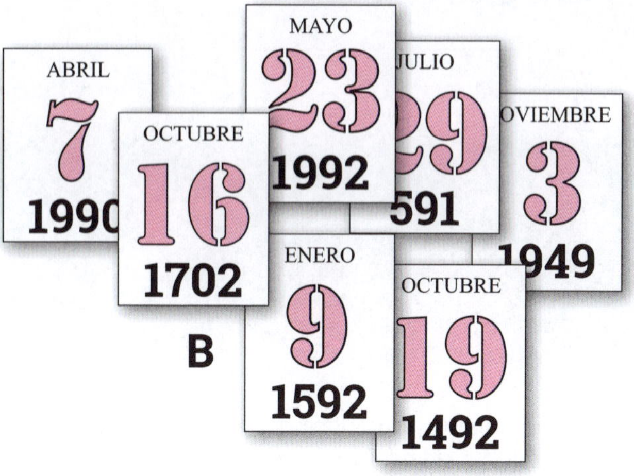

¿Cuánto suman los números del día de las hojas extrañas?

EFEMÉRIDES

●●●●

Tu objetivo es relacionar cada año con su efeméride y ya te damos una solucionada.

275	A. Guglielmo Marconi patenta la radio.
1491	B. Se estrena el *Concierto de Aranjuez* de Joaquín Rodrigo.
1896	C. Concluye con éxito el primer trasplante de riñón en España.
1940	D. Stalin es nombrado presidente del Consejo de Comisarios del Pueblo.
1941	E. Estados Unidos recupera el control de las Islas Salomón de manos de los japoneses.
1943	F. Se produce el vertido de petróleo del Exxon Valdez en Alaska.
1944	G. Tras el asesinato del emperador Aureliano, el Senado nombra emperador a Claudio Tácito.
1962	H. Los británicos bombardean la ciudad de Hamburgo.
1965	I. Caballeros cristianos conferencian secretamente con **Boabdil** la rendición de Granada.
1968	J. Sudáfrica es excluida de los Juegos Olímpicos de México por su política racista de *apartheid*.
1969	K. The Beatles lanzan al mercado la banda sonora de su película *Yellow Submarine*.
1989	L. Juan XXIII inaugura el Concilio Vaticano II.

En este fragmento del cuadro pintado por Francisco Padilla y Ortiz se puede ver a Boabdil cuando al final entrega a los Reyes Católicos la llave de Granada que negociaron los caballeros de la efeméride.

¿Cuánto suman los años de los eventos C+K?

SIN SIGNOS

○○○●

El texto inferior es un fragmento del libro de Enrique, en el que hemos quitado los espacios y signos de puntuación para que los pongas tú y así cobre sentido la lectura. No te decimos el número de espacios, pero sí que hay tres comas (,), dos punto y comas (;) y, salvo el punto final, no hay ningún otro punto (.).

cualquierasabedesdequegalileodemostróelprincipiodel
arotacióndelaesferaqueelmundosemueveperoloqueno
hadicholacienciatodavíaesporquélatierraalgirarver
ificasumovimientodeoccidenteaorienteenvezdehace
rloalainversayestoesloqueyovoyaexponercomobas
edemisistemaanacronopético

El anacronópete (capítulo II)
Enrique Gaspar y Rimbau

¿Cuántas palabras hay en el texto?

CRIPTOGRAFÍA

○○●●

Una de las formas más simples de encriptar un mensaje es la llamada *de sustitución*, es decir, que a cada letra del alfabeto le corresponde otra desplazada un número concreto de veces hacia delante. Por ejemplo, si el desplazamiento fuera de 1, a la letra A le correspondería la B, a la B la C y así sucesivamente. De esta forma nuestro personaje ENRIQUE sería FOSJRVF. Lo primero, por tanto, es saber de cuánto es el desplazamiento, para luego ya “traducir” sin problemas.

A	B	C	D	E	F	G	H	I	J	K	L	M	N	O	P	Q	R	S	T	U	V	W	X	Y	Z

Utiliza el encasillado para escribir el alfabeto desplazado y facilitarte la lectura, sabiendo que **JDVSDU** es el primer apellido del personaje.

DQDFURQŔSHWH

¿Cuál sería su traducción?

ARUKONE

○○○●

El objetivo es conectar cada par de números con una línea continua que discurra por el centro de las casillas vacías en horizontal, vertical o cambiando de dirección, pero nunca en diagonal, y tampoco pueden cruzarse, bifurcarse ni atravesar las casillas con números.

Por todas las casillas del tablero debe pasar alguna línea.

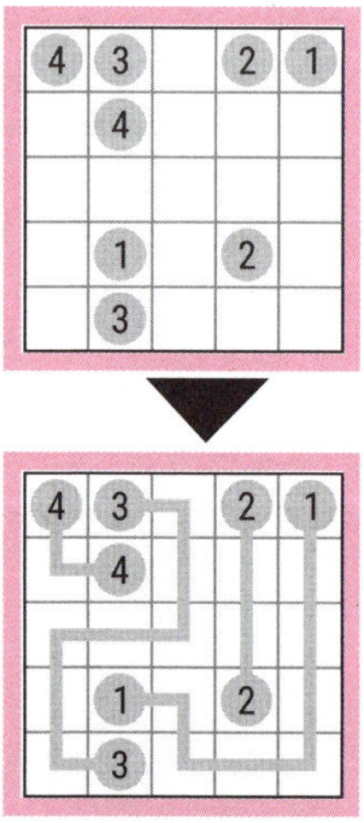

Un ejemplo resuelto para entender mejor el pasatiempo.

		3					5	8	6
	5				8		1		
			4		1				
	7							2	6
7	3						4		2

		8					5		2
	4			6			1	2	3
	9							1	
8								5	
9		4	7	6	7	3			

¿Cuánto suman los números de las líneas que atraviesan las zonas coloreadas?

LA CLAVE

Enrique le puso un sistema de clave de acceso a su máquina del tiempo, que ideó a la vez que pensaba en su artilugio. El sistema es alfanumérico y no será complicado si tienes en cuenta que los pasatiempos eran fundamentales para que nuestro protagonista no olvidara su clave, aunque quizá era más difícil recordar los pasatiempos.

ESCAPE

#13

PEDRO y el mundo sopa

Nuestro personaje de la habitación de escape, Pedro, es un experto crucigramista e inventor de pasatiempos, que emula a Ocón de Oro haciendo sopas de letras y mucho más.

Sirva este capítulo como un homenaje a su maestría y vamos a incluir en él una colección de sopas de letras de todo tipo para que se pueda ver, descubrir y demostrar hasta qué punto un pasatiempo sencillo puede complicarse todo lo que se quiera y a niveles suficientes para poder utilizarlo como sistema de clave para salir de esta habitación donde suponemos que está su estudio.

Cada sopa tiene su propia explicación porque es necesario que la tengas en cuenta si quieres resolverla correctamente, encontrar su solución y las letras que implica para rellenar el encasillado de claves del final.

Las sopas serán la base del capítulo, pero también añadiremos otros pasatiempos complementarios que, como el libro que tienes en tus manos, te darán una idea de las posibilidades variadas y de uso de los pasatiempos como parte de juegos, yincanas e incluso concursos.

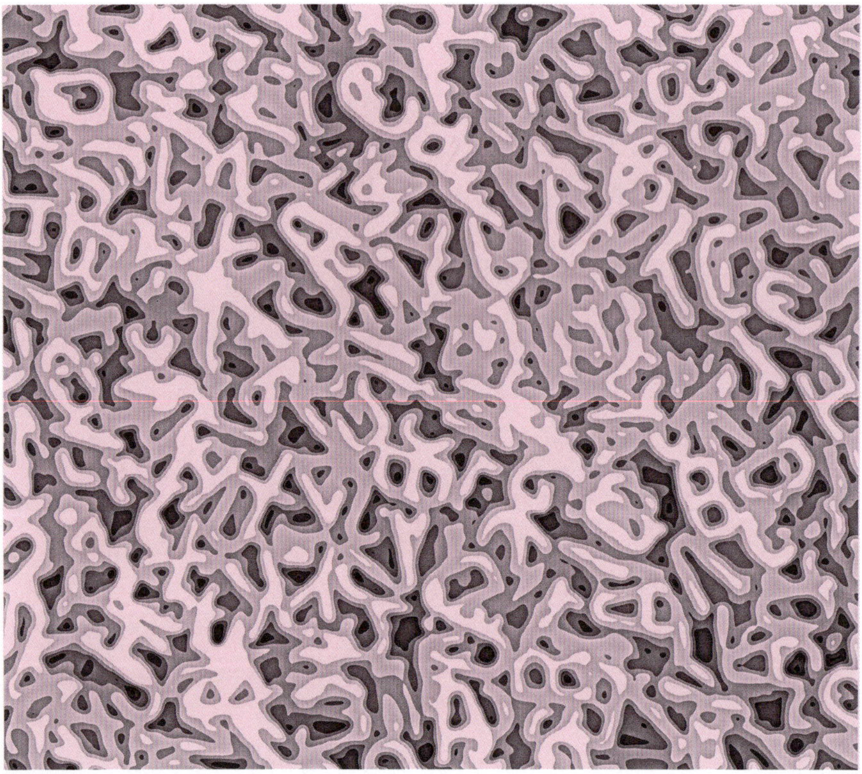

SOPA DE BEBIDAS

○○○●

La primera sopa que te presentamos es de bebidas de forma genérica. Le hemos añadido una dificultad adicional muy sencilla: hay una bebida de la lista que no está en la sopa.

LA LISTA

AGUA	CHACOLÍ	KIRSCH	OPORTO	TEQUILA
ANÍS	GASEOSA	LIMONADA	ORUJO	TÓNICA
CAFÉ	GINEBRA	MANZANILLA	RIBEIRO	VINO
CAVA	JARABE	MOSCATEL	RON	
CERVEZA	JEREZ	MOSTO	SIDRA	

E	H	T	E	Q	U	I	L	A	Y	T
S	A	R	B	E	N	I	G	L	I	O
H	C	P	A	Z	E	R	E	J	N	N
S	N	H	R	F	C	T	K	I	O	I
S	I	N	A	H	A	A	V	U	R	C
O	G	C	J	C	E	R	V	E	Z	A
M	G	A	S	E	O	S	A	A	R	G
O	P	O	R	T	O	L	I	D	B	U
S	M	A	N	Z	A	N	I	L	L	A
T	V	Z	B	H	C	S	R	I	K	T
O	R	U	J	O	R	I	E	B	I	R

¿Cuál es la bebida de la lista que no está en la sopa?

El número de casillas no es indicativo del número de letras de la palabra a descubrir.

SOPAS PARALELAS 1

○○○●

El objetivo es encontrar en las sopas de esta página y la siguiente nombres de hortalizas y verduras, diferentes en cada sopa, aunque hay una común a ambas.

H	F	J	A	J	P	L	P	H	O	E	Y	H	M	D
Z	L	P	Z	Q	L	U	H	I	H	T	V	F	C	A
K	N	E	A	M	E	E	A	D	R	A	B	M	O	L
I	R	G	I	R	C	E	T	T	H	M	T	Z	D	C
Y	O	S	R	G	H	P	M	N	A	O	S	Q	V	A
D	L	O	O	N	A	U	A	F	A	T	Q	I	G	P
J	F	W	H	P	L	L	L	K	R	S	A	J	C	A
M	I	Q	A	S	O	T	N	E	I	M	I	P	Ñ	R
S	L	R	N	R	T	X	Q	L	C	Ñ	F	U	H	R
C	O	B	A	N	A	T	Y	F	R	H	C	A	G	A
L	C	C	Z	B	K	I	F	G	N	Ñ	U	P	W	H
T	S	C	Ñ	C	A	L	A	B	A	Z	A	G	Z	M
E	F	F	Q	O	O	N	P	C	G	T	V	M	A	Y
E	S	J	Ñ	D	B	O	O	Y	Ñ	N	V	I	A	L
M	H	N	R	O	S	C	W	U	P	V	Q	K	C	E

¿Cuál es la palabra más corta de todas las que aparecen en la sopa?

SOPAS PARALELAS 2

○○○●

L	S	K	G	H	S	B	E	R	E	N	J	E	N	A
W	G	U	R	A	C	A	N	I	P	S	E	W	H	L
U	M	I	Ñ	I	K	X	N	Ñ	O	L	A	C	S	C
K	E	W	E	A	L	C	B	B	C	D	A	B	A	A
V	W	O	N	D	R	G	I	E	U	L	B	N	A	C
O	L	L	O	P	E	R	B	S	O	Q	O	Y	Z	H
X	B	V	F	W	D	O	A	M	W	N	P	U	R	O
B	I	U	I	U	L	W	E	P	I	C	T	W	G	F
U	G	N	L	L	H	R	P	G	A	K	E	A	A	A
E	E	S	E	O	P	F	O	C	D	C	R	L	J	A
F	Q	T	Y	M	N	S	B	C	M	R	L	Z	M	Z
L	A	I	R	O	C	I	H	C	A	O	Z	A	E	T
C	Q	S	K	W	O	X	P	P	B	R	V	S	E	T
S	S	U	Z	K	P	Ñ	S	E	J	C	D	W	X	K
A	I	V	I	D	N	E	C	Q	P	G	X	O	M	T

¿Cuál es la palabra común a ambas sopas de letras?

El número de casillas no es indicativo del número de letras de la palabra a descubrir.

SOPA GRÁFICA

○○○●

Las 13 palabras a buscar en esta sopa son las correspondientes a los objetos de la imagen que la acompaña, teniendo en cuenta que uno de ellos implica 2 palabras diferentes en la sopa.

M	Z	N	T	Ñ	X	K	D	X	M
G	U	A	N	T	E	U	I	Y	I
S	Z	O	N	I	E	P	S	Ñ	X
A	T	O	L	E	P	A	P	U	F
D	L	L	Ñ	J	L	L	E	A	S
N	W	O	O	Q	A	B	N	T	G
O	U	L	R	N	T	A	S	G	X
O	E	U	T	A	O	T	A	I	O
R	Q	A	X	N	F	R	D	R	C
C	U	C	H	I	L	L	O	Q	Y
I	A	B	K	D	C	F	R	P	Z
M	C	M	Ñ	L	A	K	A	Q	R
Y	W	X	I	M	N	Ñ	F	Ñ	L
L	S	A	E	O	D	Q	C	D	R
M	T	S	Ñ	R	N	U	G	Y	K

¿Cuál es la palabra más larga de la sopa?

El número de casillas no es indicativo del número de letras de la palabra a descubrir.

SOPA LITERARIA

○●●●

En el fragmento literario, que puedes ver bajo la sopa, hemos sustituido algunas palabras por guiones, para que las encuentres en la sopa y puedas deducir el fragmento, el título de la obra y su autor.

I	E	B	I	B	S	A	L	A	D	O
Z	W	M	A	F	L	L	Q	R	B	S
H	G	S	V	J	E	E	P	B	J	Ñ
G	I	T	A	N	O	H	Y	M	G	S
N	F	O	A	Z	Ñ	C	Z	O	T	F
F	X	R	P	I	I	O	I	S	S	S
I	P	I	R	A	T	N	A	C	Ñ	L
L	V	L	R	M	O	R	E	N	A	Ñ
Z	Z	L	I	T	Z	K	Z	C	Y	Y
A	C	A	N	C	I	O	N	O	T	E
N	G	A	L	A	N	T	E	P	T	Ñ

¿Cómo es el inventario?

De tu ______ gracia, de tu soñar ______, de tu mirar de ______ quiero ______ mi vaso. Me embriagaré una _____ de cielo negro y ____, para ______ contigo, __ ____ al mar ______, una _______ que deje _______ en los labios...

Inventario _______, de ______ **Machado**

LA CLAVE

Esta clave que genera Pedro demuestra que sus pasatiempos son muy útiles para este fin, y es posible de esta forma hacer que la salida de la habitación esté encriptada de una manera original, acorde a la genialidad de su homólogo en la vida real, al que homenajeamos de esta manera.

ESCAPE

#14

El hilo de ARIADNA

Ariadna era una princesa cretense, hija del rey Minos. Su historia más conocida está vinculada al mito del minotauro y el laberinto. Cuando Teseo llegó a Creta para enfrentarse al minotauro, Ariadna se enamoró de él y le ofreció ayuda. Para ayudar a Teseo a salir del laberinto después de matar al minotauro, Ariadna le proporcionó un ovillo de hilo. Siguiendo el hilo, Teseo pudo encontrar la salida. Sin embargo, después de abandonar Creta, Teseo dejó a Ariadna en la isla de Naxos, según algunas versiones, o la abandonó durante una parada en la isla de Delos.

El hilo de Ariadna es precisamente la clave que debes encontrar para poder salir del laberinto con seguridad y por ello vamos a mostrarse unos cuantos laberintos combinados con otros pasatiempos complementarios, que demuestran que son estructuras perfectas para un juego de escape del que se supone que quieres salir.

LABERINTO MENSAJERO

○○○●

Recorre el laberinto correctamente, comenzando por una de las casillas marcadas con un punto y terminando en la otra, a la vez que vas "cosechando" letras.

Si lo haces correctamente, descubrirás el nombre y apellido de un escritor.

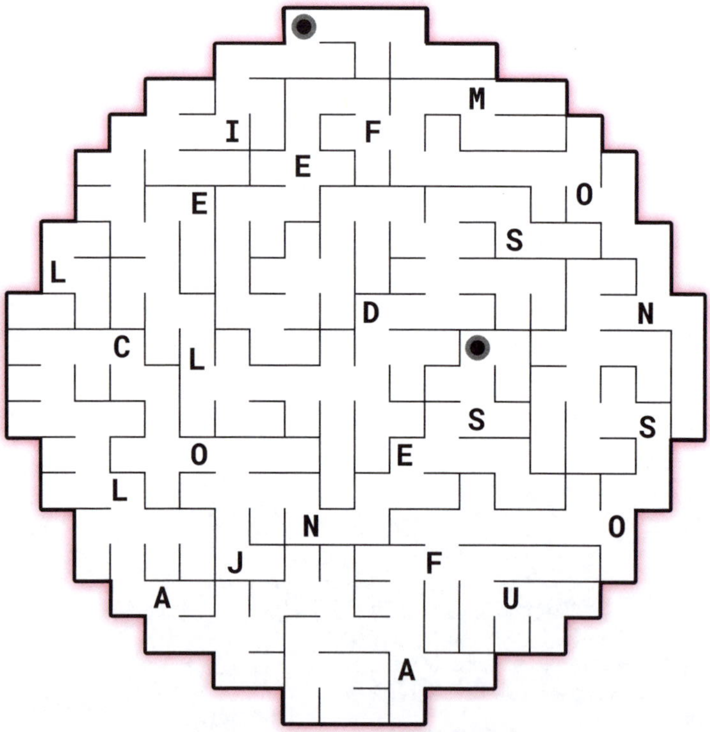

¿Cuál es su libro más conocido?

Estas son las letras que componen el título:

A A A A C D D E E L L L M R R T

ANACONDA

El objetivo es dibujar una sola línea (la serpiente), formada por casillas del tablero, de tal forma que discurra entre las celdas oscuras iniciales, que serán sus extremos. Dicha línea nunca se tocará a sí misma, ni siquiera en diagonal, y los números exteriores muestran cuántas celdas deben oscurecerse en su correspondiente fila o columna, como parte de la serpiente.

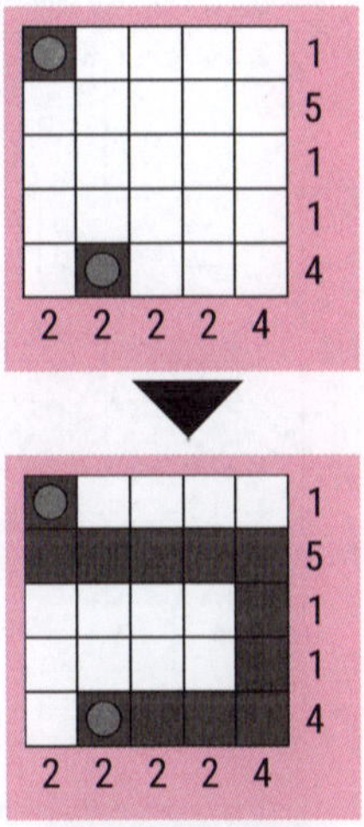

Ejemplo resuelto, para que puedas entender mejor en qué consiste el pasatiempo.

CONSEJOS para resolver el pasatiempo:

1. Cada pasatiempo tiene una solución única.
2. Todas las serpientes se deducen de forma lógica: no hace falta adivinar.
3. Comienza por marcar como parte de la serpiente aquellas filas o columnas que tengan un número igual al de sus casillas libres.
4. También puedes marcar con una X aquellas otras casillas que sepas que no pueden formar parte de la serpiente.

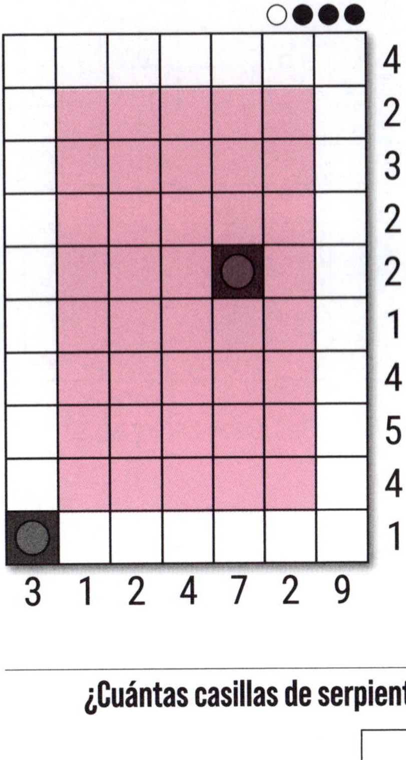

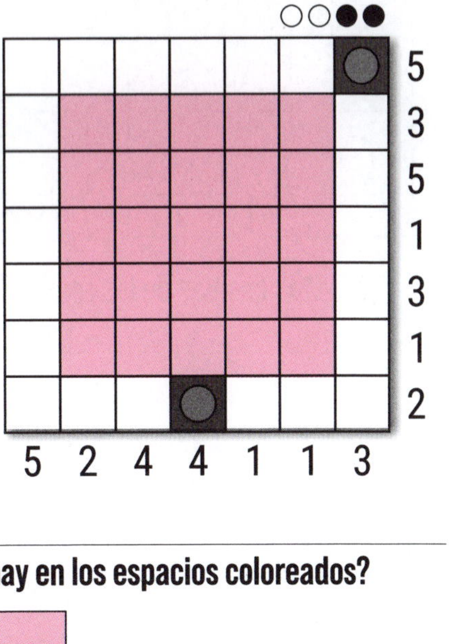

¿Cuántas casillas de serpiente hay en los espacios coloreados?

LABERINTO MÚLTIPLE

Recorre los cuatro laberintos saltando entre ellos según las indicaciones marcadas con las flechas.

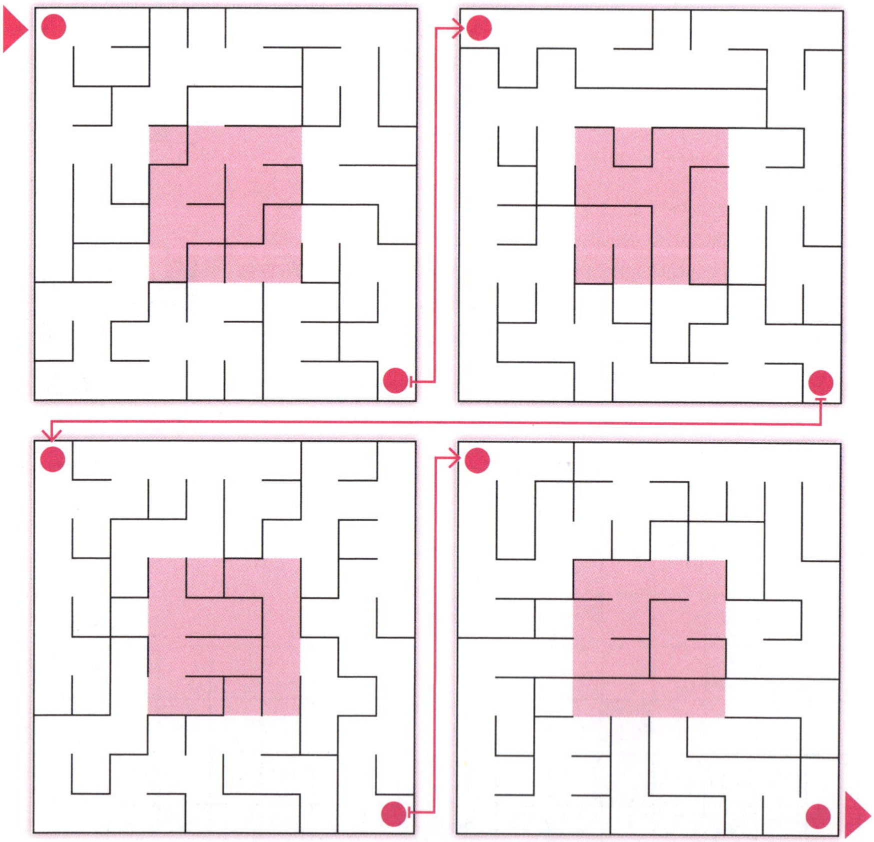

¿Cuántas casillas de los recorridos están en las áreas coloreadas?

LA CLAVE

Esta clave que genera Ariadna es la que permitirá a Teseo salir sin que le ataque el minotauro.

SOLUCIONES

Escape #01

ADIVINANZA. La adivinanza decía: ¿qué tienes entre una oreja y la boca que no tienes entre la boca y la otra oreja? **TELÉFONO.**

ANAGRAMA. La parte del cerdo marcada en la imagen es el SECRETO, que al reordenar las letras resulta: **CESTERO**.

LA COMPRA DE HOY. Los nombres de los productos ordenados alfabéticamente, según se deduce de la pista, son los que indican los kilos de cada uno de ellos: Producto (precio; cantidad; **total**), es decir: aceitunas (1,73; 1; **1,73**), calabaza (3,74; 2; **7,48**), champiñones (1,89; 3; **5,67**), maíz (2,29; 4; **9,16**), nabos (1,59; 5; **7,95**), tomates (1,69; 6; **10,14**), zanahorias (0,69; 7; **4,83**). Zanahorias + calabaza = **12,31** €.

EMOTICONOS. La suma es 230 + 971 = 1201, por lo que la solución en el encasillado sería **2020**, el año de la pandemia de COVID-19, según se ve en el icono con la mascarilla.

LA CLAVE: FT10

Escape #02

EL PLANO. El número de asientos anulados es de **55**.

EL ESQUEMA. En el listado se puede ver la identificación de todos los asientos de los jóvenes y es fácil deducir que suman 82 y que la letra más repetida es la **D** y la menos la **H**.

SOPA DE LETRAS. La secuencia de estaciones es: Madrid, Cuenca, Albacete, Villena, Alicante, Elche, Orihuela, Murcia. También está **UTIEL**, que no está en esa línea.

IDEOGRAMA. La palabra es **RUEDA**.

LA CLAVE: 52DHTU

1.4A
2.4D
3.10A
4.10C
5.1C
6.8B
7.11H
8.3C
9.9B
10.7C
11.10B
12.5D

E	B	K	V	X	C	Q	J	O	I	M
D	A	L	E	U	H	I	R	O	U	D
V	X	H	E	T	H	H	K	J	V	U
Ñ	R	N	O	Q	N	D	F	K	A	T
Y	C	D	I	R	D	A	M	I	K	I
A	N	A	A	L	B	A	C	E	T	E
B	Q	P	B	O	D	R	R	I	L	L
J	Ñ	Y	C	K	U	V	E	C	L	S
V	O	F	V	M	Ñ	L	H	O	T	A
G	C	V	I	L	L	E	N	A	K	N
Y	V	N	J	I	K	G	N	F	E	E

SOLUCIONES

Escape #03

EL RETRATO. Los retratos son, de izquierda a derecha: Neil Armstrong (el que primero pisó la Luna), **MICHAEL** Collins (que se quedó en el módulo de mando Columbia) y Buzz Aldrin (el segundo en pisar la Luna).

FUGA DE LETRAS. La frase en inglés dice así: ***Houston, Tranquility Base here. The Eagle has landed***, que traducida al español es: ***Houston, aquí Base Tranquilidad. El Águila se ha posado***.
Hay en total 41 vocales entre ambas frases, repartidas así: A (13), E (10), I (6), O (6), U (6).

ESCUDO. 26 (La misión del solitario es Apolo **11** y la tripitida es Apolo **15**).

WORDOKU. La frase, pronunciada por Armstrong cuando puso su pie en la luna, fue: ***Un pequeño paso para el hombre, un gran salto para la HUMANIDAD*** (palabra del wordoku), donde la palabra de 7 letras es **PEQUEÑO**.

LABERINTO. Al recorrer el laberinto descubres las dos palabras: **TRANQUILLITATIS STATIO**, que traducido al español es la **BASE TRANQUILIDAD.**

LA CLAVE: ILA6PSTU

M	D	U	I	L	H	N	R	A
I	L	N	U	R	A	M	H	D
H	A	R	M	N	D	L	U	I
N	M	I	R	A	U	D	L	H
R	H	D	L	I	N	U	A	M
L	U	A	D	H	M	I	N	R
U	R	L	H	M	I	A	D	N
D	N	M	A	U	R	H	I	L
A	I	H	N	D	L	R	M	U

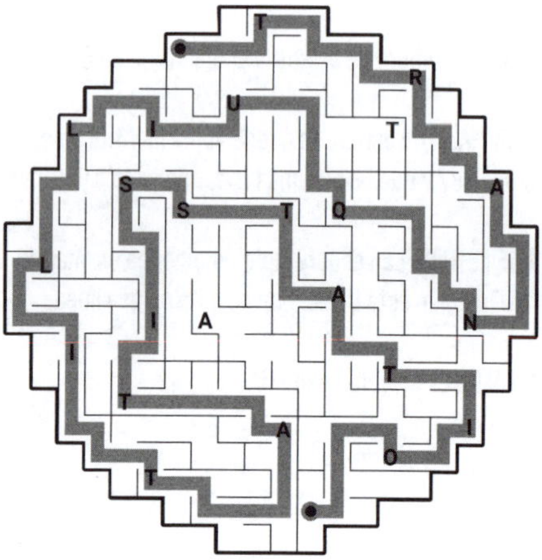

SOLUCIONES

Escape #04

LOS TIPOS. El nombre antiguo del reloj de agua es **CLEPSIDRA**.

ENGRANAJES. Hay en total 7 engranajes levógiros, los que hemos coloreado en la figura.

PARTES DEL RELOJ. Las piezas se llaman **ÁNCORA** y rueda de escape.

CADENAS. La palabra de la lista que no está en el pasatiempo es **ROTOR**.

EL TIEMPO. Las horas finales son **01:03** y **11:22**.

LA CLAVE: LD70001

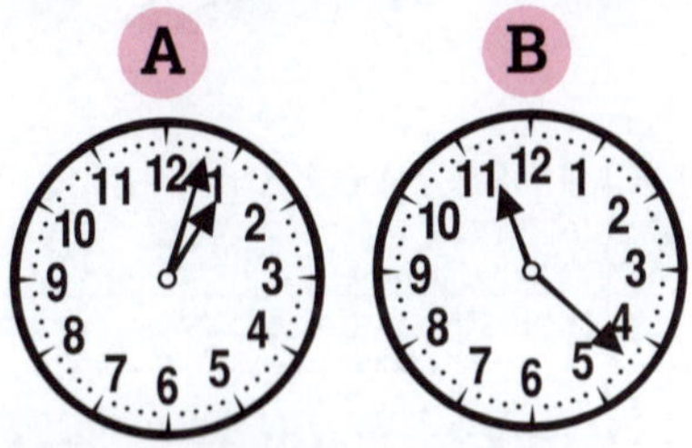

Á	N	R	A	A	R	A	Q	U	E	T	A	R
A	C	O	O	N	S	E	R	A	A	M	B	O
P	E	N	R	O	O	R	I	J	T	P	I	N
A	R	T	E	C	E	T	T	A	L	L	T	Ó
T	O	L	T	E	L	I	R	R	C	A	I	D
E	D	U	E	F	S	E	B	A	N	A	A	L
T	N	A	R	T	O	U	R	V	C	A	J	E
N	É	P	E	N	A	M	B	I	R	A	I	S
A	A	I	C	I	R	C	I	L	O	L	B	A
L	L	L	T	S	L	N	O	L	S	O	N	E
O	E	T	A	R	A	C	C	A	T	A	E	R
V	E	E	L	I	E	U	D	A	J	L	R	R
A	P	U	Q	P	S	E	R	Y	O	I	Í	O
C	S	E	N	I	R	T	S	A	A	N	A	C

SOLUCIONES

Escape #05

MÁSCARAS. En total hay **15** máscaras (14 + la repetida).

JEROGLÍFICO. **ALCATRAZ**: A; L (50); C (100); ATRAZ (Matraz - M [1000]).

EL PLANO. Las coordenadas de los 5 elementos son: la torre del muelle (4,4), la capilla (6,0), el faro (6,4), el depósito de agua (6,4) y la torre de guardia (5,2). La suma de todas esas coordenadas es **41**.

LAS CELDAS. La prisión tiene **23** celdas ocupadas.

LA CLAVE: **5Z341**

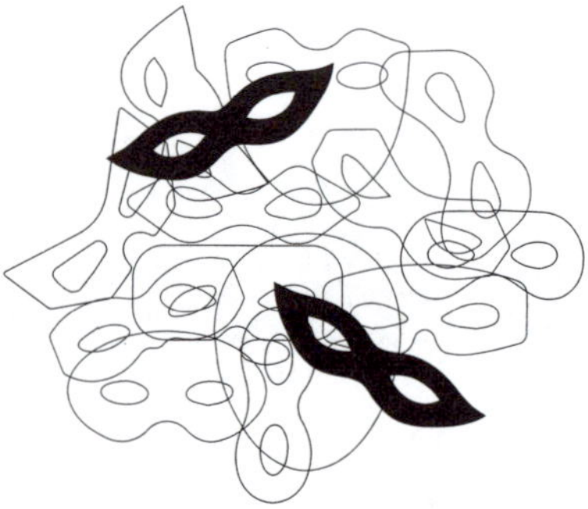

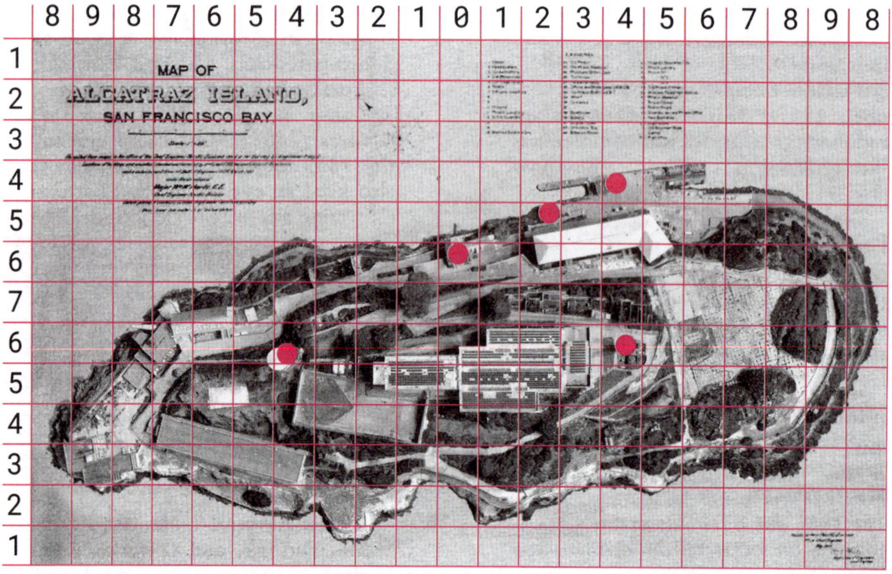

SOLUCIONES

Escape #06

LA SOPA MALDITA. En la sopa no está **ACUARIO**. La imagen de la Torre Eiffel hace referencia a que el inicio de las obras fue el 28 de enero de 1887, es decir, que es Acuario.

EFEMÉRIDES ZODIACALES. Cáncer (3) + Capricornio (4) suman **7**. En la relación se puede ver la fecha para cada uno de los acontecimientos. El único que no tiene una fecha son los dos gemelos a los que se refiere Géminis.

REVOLTIJO. El signo que falta es **VIRGO**. ♍

TAROT. La carta repetida es el Loco (01 y 23). El Hierofante es el 06, por lo que la suma de todo es **30**.

LA CLAVE: **UR7ROO**

Acuario	14-feb
Aries	20-abr
Cáncer	24-jun
Capricornio	06-ene
Escorpio	09-nov
Géminis	
Leo	14-ago
Libra	12-oct
Piscis	11-mar
Sagitario	28-nov
Tauro	23-abr
Virgo	11-sep

01. El Loco
02. El Mago
03. La Sacerdotisa
04. La Emperatriz
05. El Emperador
06. El Hierofante
07. Los enamorados
08. El Carro
09. La Fuerza
10. El Ermitaño
11. La Rueda de la Fortuna
12. La Justicia
13. El Ahorcado
14. La Muerte
15. La Templanza
16. El Diablo
17. La Torre
18. La Estrella
19. El Sol
20. La Luna
21. El Juicio
22. El Mundo
23. El Loco
24. El Ojo de la Noche

SOLUCIONES

Escape #07

CORRESPONDENCIA. Los cuadros de la pregunta son: ***El beso***, de Klimt (09), ***El grito***, de Munch (16) y una de ***Las tres gracias***, de Rubens (21/3=7), cuya suma sería **32**.

TATAMI. Las cuatro líneas atraviesan **21** regiones.

ARABESCO. La palabra es **PINCEL**.

LA CLAVE: **3221NE**

La primavera........ Botticelli
La persistencia de la memoria........ Dalí
La libertad guiando al pueblo........ Delacroix
El jardín de las delicias........ El Bosco
El caballero de la mano en el pecho........ El Greco
La maja desnuda........ Goya
Noctámbulos........ Hopper
Diego y yo........ Kahlo
El beso........ Klimt
La Gioconda........ Leonardo
El hijo del hombre........ Magritte
Olympia........ Manet
Capilla Sixtina........ Miguel Ángel
Composición en rojo, amarillo y azul........ Mondrian
Sol naciente........ Monet
El grito........ Munch
Las señoritas de Avignon........ Picasso
La escuela de Atenas........ Rafael
La ronda de noche........ Rembrandt
Almuerzo de remeros........ Renoir
Las tres Gracias........ Rubens
El matrimonio Arnolfini........ Van Eyck
La noche estrellada........ Van Gogh
Las meninas........ Velázquez
La joven de la perla........ Vermeer
Marylin........ Warhol

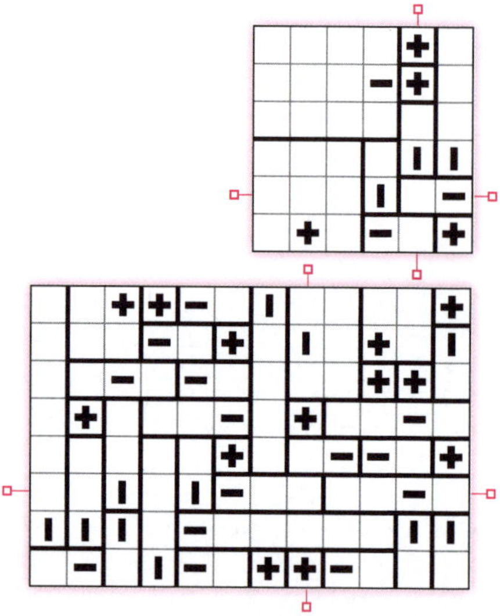

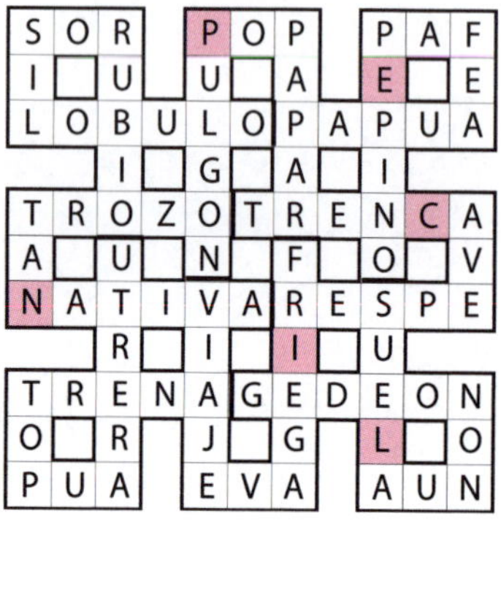

SOLUCIONES

Escape #08

ANAGRAMA 1. El personaje es **María MOLINER**, bibliotecaria, archivera, filóloga y lexicógrafa española, autora del *Diccionario de uso del español*. Un ejemplar de su diccionario fue depositado por su nieta, Genoveva Pitarch, en su caja.
SUDOKU. Las casillas coloreadas tienen el **729**, el número de la caja.

ANAGRAMA 2. El personaje es **Antonio Buero VALLEJO**, dramaturgo español, ganador del Premio Lope de Vega en 1949 y del Premio Cervantes en 1986. Una de las cosas que contiene su caja es una autocaricatura, y también su pluma Parker de oro y su pipa.
HIDATO. Las casillas coloreadas tienen el **1516**, el número de la caja.

ANAGRAMA 3. El personaje es **MANUEL Alexandre**, Uno de los grandes actores del cine español. Entre sus películas destacaría *Plácido* o la obra de teatro *Doce hombres sin piedad*. Su caja contiene su Premio TP y un relato titulado *El aprendiz*, publicado en el *Correo Literario* en 1951.
KENKEN. Las casillas coloreadas tienen el **1534**, el número de la caja.

ANAGRAMA 4. El personaje es **Manuel de FALLA**, compositor español, representante del nacionalismo musical y uno de los más importantes de la primera mitad del siglo xx. Su caja contiene un manuscrito de *El retablo de Maese Pedro*, firmado por el compositor, que fue depositado por su sobrina Isabel de Falla López.
KAKURO. Las casillas coloreadas tienen el **1223**: el número de la caja.

CONCLUSIÓN. Las fotos se corresponden con los personajes: A: Antonio Buero Vallejo, B: Manuel de Falla, C: María Moliner, D: Manuel Alexandre. La operación a realizar sería: 1516 - 1223 - 729 + 1534 = **1098**, que es la combinación de apertura de la Caja de las Letras.

LA CLAVE: 02A1M3F28

8	6	9	2	3	5	4	1	7
7	2	5	8	1	4	3	6	9
3	1	4	9	7	6	2	8	5
9	4	7	3	6	1	8	5	2
5	8	6	7	2	9	1	3	4
2	3	1	4	5	8	9	7	6
4	5	8	6	9	3	7	2	1
1	9	2	5	8	7	6	4	3
6	7	3	1	4	2	5	9	8

32	30	34	35	27	37	38	40
31	33	29	28	36	26	41	39
48	47	46	52	44	42	25	23
49	50	51	45	53	43	22	24
8	15	16	17	4	54	55	21
9	7	14	5	18	3	20	56
10	13	6	61	60	19	2	57
12	11	62	63	64	59	58	1

1	3	4	5	6	2
4	6	3	2	5	1
2	1	5	3	4	6
5	4	6	1	2	3
6	2	1	4	3	5
3	5	2	6	1	4

	8	9		6	4		6	9	
	1	7		8	6		1	4	9
		6	8		8	3		6	8
		2	6		9	1	6	8	
			9	8	2		1	2	6
	7	8	1	3	5	2		1	2
	9	7	5		7	4	3		
		9	2	7		1	2	5	3
			7	9			1	3	2

SOLUCIONES

Escape #09

CADENAS. El juego de la lista que no está en el tablero es: **CLUEDO**.

LOS BARCOS. Dentro de la zona coloreada hay **10** trozos de barcos.

LETRADOS. Las palabras de los dados son: 1: Moscón; 2: Espada; 3: Cartón; 4: Astado; 5: Nocivo; 6: Obispo. El juego es el **MECANO**.

MACRO. Ambas fotos son de parte de una **TIJERAS**.

LA CLAVE: LOCJ

N	E	T	Á	N	O	N	I	L	G	L	E	M	A	D
O	C	A	R	A	T	E	G	O	G	O	B	A	B	U
S	A	G	T	S	B	A	O	M	K	Ó	P	S	Ú	K
S	A	N	A	R	U	R	S	O	E	R	T	A	B	I
R	C	R	R	B	T	C	O	N	A	R	G	U	M	M
E	C	A	I	Z	A	E	H	U	M	A	N	R	N	O
T	A	C	S	E	H	X	T	R	A	T	A	L	A	M
S	I	A	J	R	C	O	P	L	A	I	V	N	C	I
T	W	N	E	D	Y	L	O	N	T	R	I	A	M	S
E	R	O	G	K	C	A	B	O	Q	N	I	C	E	U
L	A	M	A	I	M	O	O	M	U	M	Y	E	T	Q
A	C	S	E	N	O	D	L	L	I	A	R	N	E	R
E	O	D	E	C	A	C	O	P	J	H	A	N	S	E
T	K	S	U	L	S	Í	R	A	O	I	P	O	A	U
U	T	I	R	O	G	H	C	G	N	C	T	I	L	Q

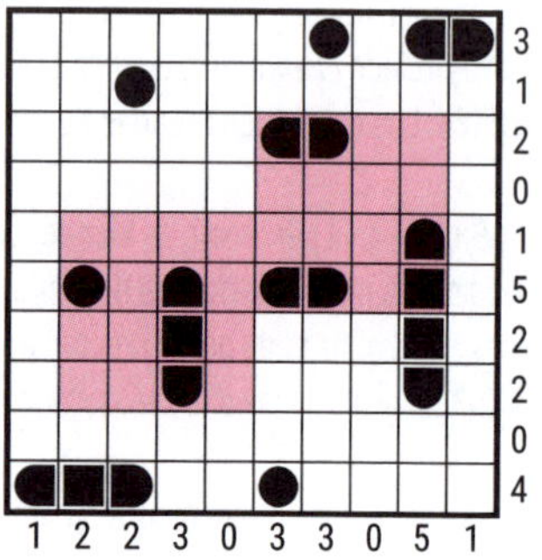

SOLUCIONES

Escape #10

TÍTULOS Y AUTORES. El título que tiene una sola palabra es **FRANKENSTEIN**.

MISMA LETRAS. Las marcadas con las flechas (FRAESIN) se puede componer el nombre **SERAFÍN**.

ANAGRAMA DE LOS TÍTULOS. Los nombres de los títulos son: *Miguel Strogoff, Romeo y Julieta, El libro de la selva, Oliver Twist, Un yanqui en la corte del rey Arturo, Frankenstein, Los tigres de Mompracem, Las memorias de Sherlock Holmes, El bosque animado*.

ANAGRAMA DE LOS AUTORES. Los nombres de los autores son: Mary Shelley, Emilio Salgari, Charles Dickens, William Shakespeare, Wenceslao Fernández Flores, Rudyard Kipling, Julio Verne, Mark Twain, Arthur Conan Doyle.
El más corto es **MARK** o **MARY**.

PENTAVOCALES. Los nombres son: Aurelio, Eufrasio, Eulalio, Gaudencio, Laurentino, Eustaquio.
El más largo es Laurentino, cuyas consonantes son **LRNTN**.

DEFINICIONES. La correspondencia de palabras a definiciones: 1: Impala, 2: Flabelo, 3: Babieca, 4: Miríada, 5: Sacio, 6: Tarambana, 7: Aspro, 8: Figulino, 9: Fargallón, 10: Inedia, 11: Exordio, 12: Envero, 13: Atufo, 14: Calboche, 15: Jabardillo.
Las letras de las definiciones de las palabras 137 es: **FBA**.

LA CLAVE: **FNRANB**

Orden de las sinopsis de las obras:
1. *Miguel Strogoff*
2. *El libro de la selva*
3. *Frankenstein*
4. *Un yanqui en la corte del rey Arturo*
5. *Los tigres de Mompracem*
6. *Las memorias de Sherlock Holmes*
7. *El bosque animado*
8. *Oliver Twist*
9. *Romeo y Julieta*

Orden de los anagramas de los títulos:
1. *Miguel Strogoff*
2. *Romeo y Julieta*
3. *El libro de la selva*
4. *Oliver Twist*
5. *Un yanqui en la corte del rey Arturo*
6. *Frankenstein*
7. *Los tigres de Mompracem*
8. *Las memorias de Sherlock Holmes*
9. *El bosque animado*

Orden de los anagramas de las autores...
A. Mary Shelley
B. Emilio Salgari
C. Charles Dickens
D. William Shakespeare
E. Wenceslao Fernández Flores
F. Rudyard Kipling
G. Julio Verne
H. Mark Twain
I. Arthur Conan Doyle

... y la correspondencia con sus obras
- *Frankenstein*
- *Los tigres de Mompracem*
- *Oliver Twist*
- *Romeo y Julieta*
- *El bosque animado*
- *El libro de la selva*
- *Miguel Strogoff*
- *Un yanqui en la corte del rey Arturo*
- *Las memorias de Sherlock Holmes*

SOLUCIONES

Escape #11

DE ESPALDAS. El personaje de espaldas es la máscara de **TUTANKAMÓN** (solución), que era hijo de Akenatón e hijastro de Nefertiti, cuyas efigies se pueden ver en las siluetas.

PALABRA COMÚN. Las palabras a colocar son: CARA, FLAN, MASA, CARTA, ESPADA, MAR, AMOR, LIBRE, CABO. De todas ellas la más larga es **ESPADA**, que forma las palabras ENCRespada y espadaÑA.

EL TÚNEL. El total de casillas de los túneles en el área coloreada es de **13**.

CAMINITO. 4 + 5 + 6 + 7 = **22**.

ARABESCO. Con las casillas se puede formar la palabra **CARTER**, que es el apellido del famoso arqueólogo que descrubrió la tumba de Tutankamón.

LA CLAVE: TKNA32RE

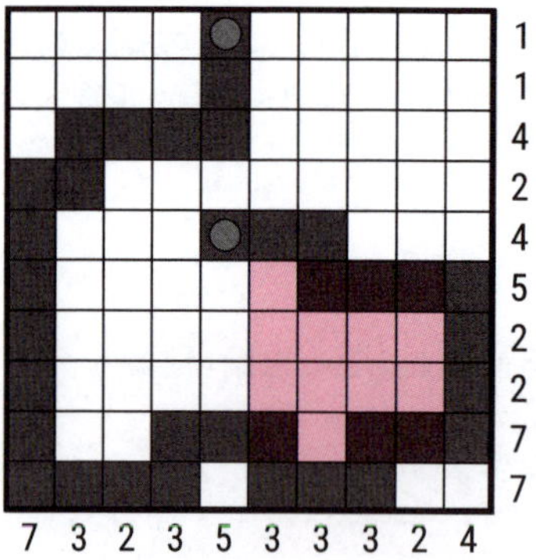

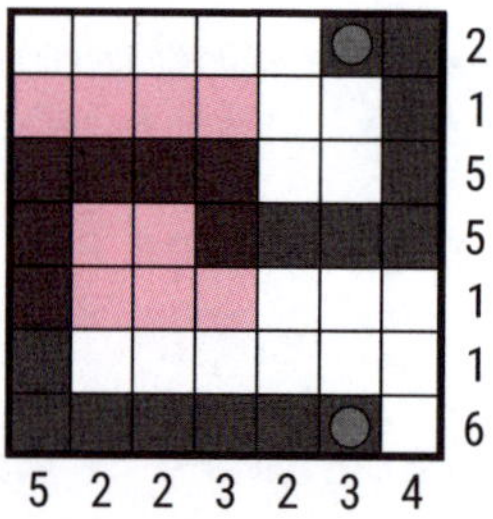

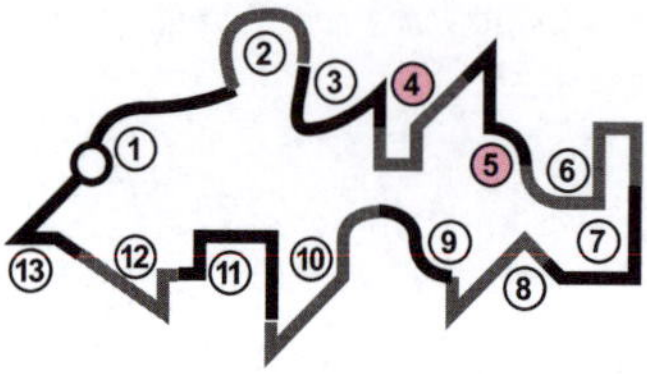

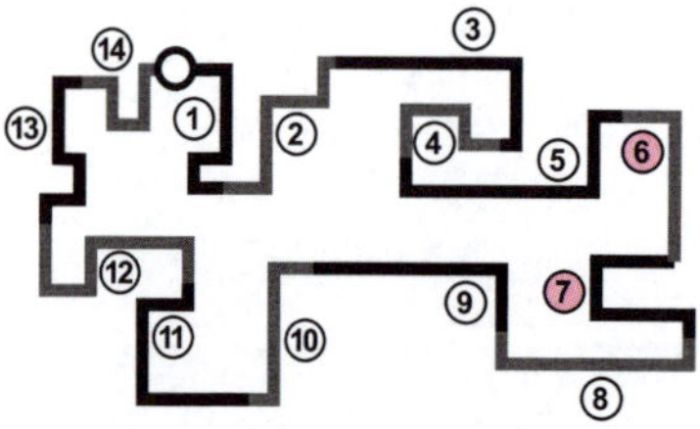

SOLUCIONES

Escape #12

CALENDARIOS. A: En el primer grupo de hojas de calendario, la extraña es el 1 de mayo de 1973. En cada una de las otras hojas están los 5 dígitos impares (1, 3, 5, 7 y 9). B: En el segundo grupo, la extraña es el 16 de octubre de 1702. Los números de cada una de las otras hojas suman 26. La suma por tanto de las hojas extrañas es 1 + 16 = **17**.

EFEMÉRIDES MALDITAS. Las efemérides C + K = 1965 + 1969 = **3934**.

SIN SIGNOS. El texto correcto tiene **64** palabras y es el siguiente:
Cualquiera sabe, desde que Galileo demostró el principio de la rotación de la esfera, que el mundo se mueve; pero lo que no ha dicho la ciencia todavía, es por qué la tierra al girar verifica su movimiento de occidente a oriente en vez de hacerlo a la inversa; y esto es lo que yo voy a exponer como base de mi sistema anacronopético.

CRIPTOGRAFÍA. Como el primer apellido de Enrique es GASPAR (que aparece en la introducción del capítulo), quiere decir que el desplazamiento es de 3 letras: G = J, A = D..., luego el texto a descubrir es: **ANACRONÓPETE** (el título de su obra).

ARUKONE. Las líneas de las zonas coloreadas son: 5 + 8 + 4 = **17** y 4 + 7 + 6 + 5 = **22**; 17 + 22 = **39**.

LA CLAVE: **794NP9**

275: Tras el asesinato del emperador Aureliano, el Senado nombra emperador a Claudio Tácito.
1491: Caballeros cristianos conferencian secretamente con Boabdil la rendición de Granada.
1896: Guglielmo Marconi patenta la radio.
1940: Se estrena el *Concierto de Aranjuez* de Joaquín Rodrigo.
1941: Stalin es nombrado presidente del Consejo de Comisarios del Pueblo.
1943: Los británicos bombardean la ciudad de Hamburgo.
1944: Estados Unidos recupera el control de las Islas Salomón de manos de los japoneses.
1962: Juan XXIII inaugura el Concilio Vaticano II.
1965: (C) Concluye con éxito el primer trasplante de riñón en España.
1968: Sudáfrica es excluida de los Juegos Olímpicos de México por su política racista de *apartheid*.
1969: (K) The Beatles lanzan al mercado la banda sonora de su película *Yellow Submarine*.
1989: Se produce el vertido de petróleo del Exxon Valdez en Alaska.

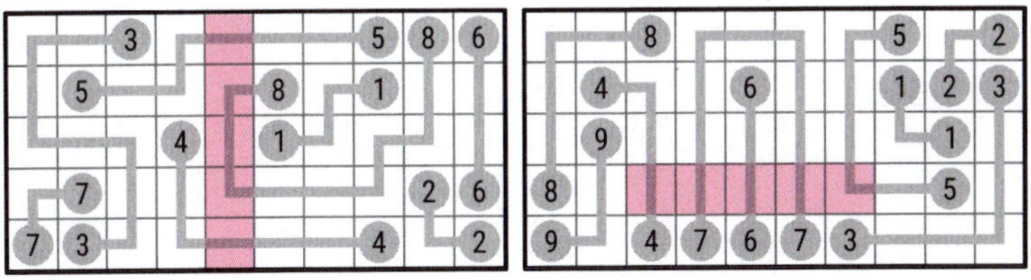

SOLUCIONES

Escape #13

SOPA DE BEBIDAS. La palabra que no está en la sopa es **LIMONADA**.

SOPAS PARALELAS. La palabra más corta es **NABO** y la palabra común a ambas sopas es la **ALCAPARRA**.

SOPA GRÁFICA. La palabra más larga de la sopa es **DISPENSADOR**.

SOPA LITERARIA. La frase dice así:
De tu **morena** gracia, de tu soñar **gitano**, de tu mirar de **sombra** quiero **llenar** mi vaso. Me embriagaré una **noche** de cielo negro y **bajo**, para **cantar** contigo, **orilla** al mar **salado**, una **canción** que deje **cenizas** en los labios...

Inventario GALANTE, de **Antonio Machado**

LA CLAVE: **MBCRPSG**

SOPA DE BEBIDAS

E	H	T	E	Q	U	I	L	A	Y	T
S	A	R	B	E	N	I	G	L	I	O
H	C	P	A	Z	E	R	E	J	N	N
S	N	H	R	F	C	T	K	I	O	I
S	I	N	A	H	A	A	V	U	R	C
O	G	C	J	C	E	R	V	E	Z	A
M	G	A	S	E	O	S	A	A	R	G
O	P	O	R	T	O	L	I	D	B	U
S	M	A	N	Z	A	N	I	L	L	A
T	V	Z	B	H	C	S	R	I	K	T
O	R	U	J	O	R	I	E	B	I	R

SOPAS PARALELAS

H	F	J	A	J	P	L	P	H	O	E	Y	H	M	D
Z	L	P	Z	Q	L	U	H	I	H	T	V	F	C	A
K	N	E	A	M	E	E	A	D	R	A	B	M	O	L
I	R	G	I	R	C	E	T	T	H	M	T	Z	D	C
Y	O	S	R	G	H	P	M	N	A	O	S	Q	V	A
D	L	O	O	N	A	U	A	F	A	T	Q	I	G	P
J	F	W	H	P	L	L	L	K	R	S	A	J	C	A
M	I	Q	A	S	O	T	N	E	I	M	I	P	Ñ	R
S	L	R	N	R	T	X	Q	L	C	Ñ	F	U	H	R
C	O	B	A	N	A	T	Y	F	R	H	C	A	G	A
L	C	C	Z	B	K	I	F	G	N	Ñ	U	P	W	H
T	S	C	Ñ	C	A	L	A	B	A	Z	A	G	Z	M
E	F	F	Q	O	O	N	P	C	G	T	V	M	A	Y
E	S	J	Ñ	D	B	O	O	Y	Ñ	N	V	I	A	L
M	H	N	R	O	S	C	W	U	P	V	Q	K	C	E

L	S	K	G	H	S	B	E	R	E	N	J	E	N	A
W	G	U	R	A	C	A	N	I	P	S	E	W	H	L
U	M	I	Ñ	I	K	X	N	Ñ	O	L	A	C	S	C
K	E	W	E	A	L	C	B	B	C	D	A	B	A	A
V	W	O	N	D	R	G	I	E	U	L	B	N	A	C
O	L	L	O	P	E	R	B	S	O	Q	O	Y	Z	H
X	B	V	F	W	D	O	A	M	W	N	P	U	R	O
B	I	U	I	U	L	W	E	P	I	C	T	W	G	F
U	G	N	L	L	H	R	P	G	A	K	E	A	A	A
E	E	S	E	O	P	F	O	C	D	C	R	L	J	A
F	Q	T	Y	M	N	S	B	C	M	R	L	Z	M	Z
L	A	I	R	O	C	I	H	C	A	O	Z	A	E	T
C	Q	S	K	W	O	X	P	P	B	R	V	S	E	T
S	S	U	Z	K	P	Ñ	S	E	J	C	D	W	X	K
A	I	V	I	D	N	E	C	Q	P	G	X	O	M	T

SOPA GRÁFICA

M	Z	N	T	Ñ	X	K	D	X	M
G	U	A	N	T	E	U	I	Y	I
S	Z	O	N	I	E	P	S	Ñ	X
A	T	O	L	E	P	A	P	U	F
D	L	L	Ñ	J	L	L	E	A	S
N	W	O	Q	Q	A	B	N	T	G
O	U	L	R	N	T	A	S	G	X
O	E	U	T	A	O	T	A	I	O
R	Q	A	X	N	F	R	D	R	C
C	U	C	H	I	L	L	O	Q	Y
I	A	B	K	D	C	F	R	P	Z
M	C	M	Ñ	L	A	K	A	Q	R
Y	W	X	I	M	Ñ	Ñ	F	Ñ	L
L	S	A	E	O	D	Q	C	D	R
M	T	S	Ñ	R	N	U	G	Y	K

SOPA LITERARIA

I	E	B	I	B	S	A	L	A	D	O
Z	W	M	A	F	L	L	Q	R	B	S
H	G	S	V	J	E	E	P	B	J	Ñ
G	I	T	A	N	O	H	Y	M	G	S
N	F	O	A	Z	Ñ	C	Z	O	T	F
F	X	R	P	I	I	O	I	S	S	S
I	P	I	R	A	T	N	A	C	Ñ	L
L	V	L	R	M	O	R	E	N	A	Ñ
Z	Z	L	I	T	Z	K	Z	C	Y	Y
A	C	A	N	C	I	O	N	O	T	E
N	G	A	L	A	N	T	E	P	T	Ñ

SOLUCIONES

Escape #14

LABERINTO. Al recorrer el laberinto se lee: **ILDEFONSO FALCONES**, autor de **LA CATEDRAL DEL MAR**.

ANACONDA. Las casillas de serpiente en las áreas coloreadas de ambos tableros es de **20**.

LABERINTO MÚLTIPLE. Las casillas de los recorridos son: 10 + 6 + 8 + 10 = **34**.

LA CLAVE: TM04

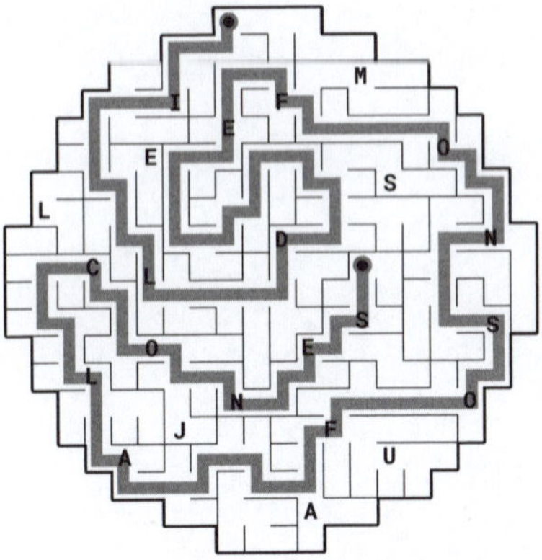

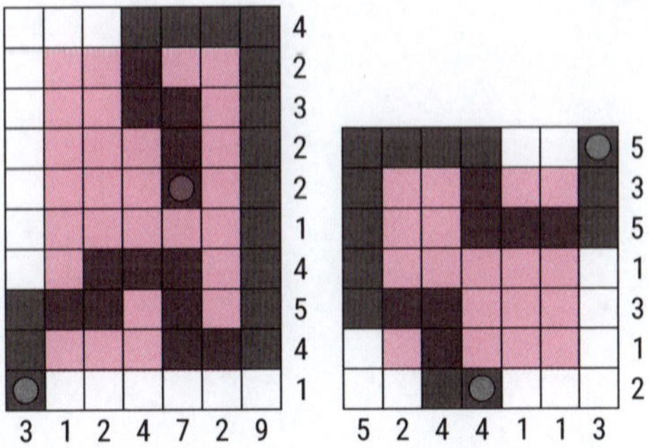

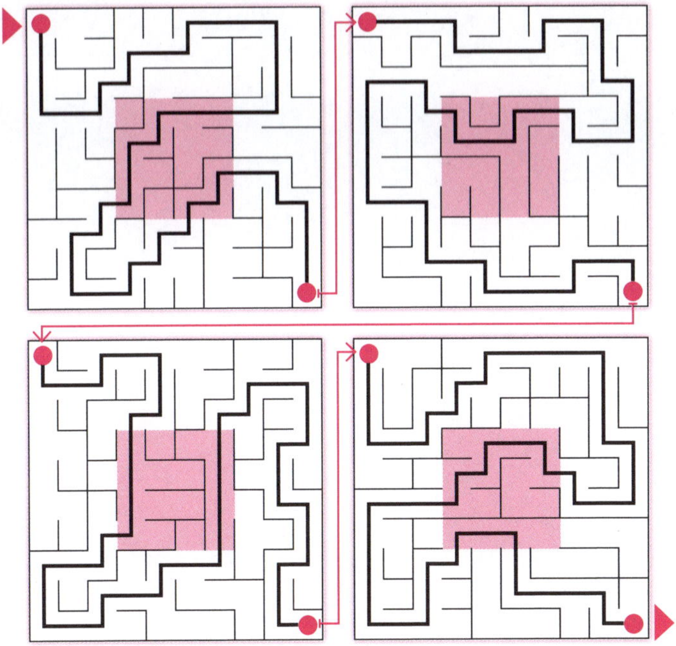